Ayacucho:
idas y vueltas de la reforma agraria

Jaime Urrutia Ceruti
Carlos Loayza Camargo
Cipriano Luján Medina

Ayacucho
idas y vueltas de la reforma agraria

IEP
INSTITUTO DE ESTUDIOS PERUANOS

Serie: Perú Problema, 63

Horacio Urteaga 694, Lima 15072
Telf.: (51-1) 200-8500
www.iep.org.pe

ISBN: 978-612-326-014-9
ISSN: 0079-1075
Impreso en Lima, Perú
Primera edición: septiembre de 2020
600 ejemplares

Hecho el depósito legal en la Biblioteca Nacional del Perú: 2020-05756
Registro del proyecto editorial en la Biblioteca Nacional: 31501132000418

Corrección de estilo: Diana Zapata
Diagramación y carátula: Gino Becerra
Cuidado de edición: Odín del Pozo
Asistente de edición: Yisleny López

Urrutia, Jaime; Carlos Loayza y Cipriano Luján
Ayacucho: idas y vueltas de la reforma agraria. Lima: IEP, 2020. (Perú Problema, 63)

W/02.04.01/P/63

1. REFORMA AGRARIA; 2. COMUNIDADES CAMPESINAS; 3. HISTORIA REGIONAL; 4. COOPERATIVAS AGRARIAS; 5. AYACUCHO; 6. PERÚ

Índice

SIGLAS

A-DRAA	Archivo Dirección Regional de Agricultura-Ayacucho
AGN	Archivo General de la Nación
AR	Asentamiento rural
ARAy	Archivo Regional de Ayacucho
C. Adm.	Causas Administrativas
CAP	Cooperativas Agrarias de Producción
CC	Comunidades Campesinas
Cenagro	Censo Nacional Agrario
CSJ	Corte Superior de Justicia
DG	Dirección general
ELN	Ejército de Liberación Nacional
INEI	Instituto Nacional de Estadística e Informática
Int.	Intendencia
leg.	Legajo
Mun.	Municipalidad
Of. Rec.	Oficios Recibidos
PIAR	Proyectos Integrales de Asentamiento Rural
Pref	Prefectura
Ps.	Pesos
RA	Reforma Agraria
Rs.	Reales
SAIS	Sociedad Agrícola de Interés Social
Sinamos	Sistema Nacional de Apoyo a la Movilización Social
SP	Subprefectura
TCR	Tierras de cultivo con riego
TCS	Tierras de cultivo de secano
TPN	Tierras de pastos naturales y bosques
UA	Unidades agrarias

A manera de introducción

No supimos nunca su nombre; permanecía sentado junto a una pared ruinosa, restos de lo que fuera la casa hacienda, que era la misma casa donde había vivido al servicio de los dueños casi desde que era un niño. Allí lo veíamos con su atado de coca, su vestimenta raída y sus ojotas desgastadas cuando pasábamos rumbo al poblado donde nos esperaban los dirigentes del grupo campesino que había resultado adjudicatario de aquellas tierras en aplicación de la Reforma Agraria, y que no tenían la menor intención de rehabilitar la "vivienda del patrón", convertida en la ruina que albergaba a aquel viejo que chacchaba al pie de las anchas paredes en escombros, donde él había sido pongo toda su vida. Quizás por ello no tenía familia, o no pudo tener familia al ser sirviente permanente. Para nosotros era "el pongo", sin nombre propio, símbolo viviente del pasado de una zona donde el pongaje era común, junto con la entrega de tierras a colonos que debían trabajar varios días al mes para la hacienda. El grupo campesino creado por la Reforma Agraria había autorizado al viejo a sembrar una pequeña parcela de maíz, frejol, calabaza, cuando llegaban las lluvias. Pocos años después, cuando el viejo ya había muerto, debimos retirarnos de aquel pequeño valle porque un destacamento senderista comenzaba a ejercer su poder desconociendo las autoridades comunales elegidas al modificarse la condición de grupo campesino a la de comunidad campesina. Este destacamento "ajustició" al líder del grupo campesino con el apoyo de campesinos que lo acusaban de haber acaparado las tierras intervenidas por la Reforma Agraria.

* * *

Se sintetiza en el recuerdo la evolución de una parte importante del mundo rural ayacuchano, pues delinea la secuencia temporal que se inició con la existencia de estructuras tradicionales de funcionamiento de fundos y haciendas, continuó con la afectación de cientos de predios, asignados a la generación de grupos campesinos beneficiados, que devendrían en flamantes comunidades campesinas y, por último, para cerrar esta secuencia, vivió el torbellino de violencia que generó miles de muertos y también miles de emigrantes.

La reforma velasquista cambió radicalmente el campo ayacuchano, incluso en los territorios donde nunca había existido hacienda. Es evidente que, como sugiere el título de esta investigación, esta reforma tuvo idas y vueltas. Se entiende como ida la misma aplicación de la ley de reforma de 1969, que condujo a la afectación de predios; pero también se deben considerar las vueltas si se remite a la situación favorecida de algunos no expropiados, al diseño arbitrario de las empresas creadas con la tierra expropiada y, sobre todo, al acceso diferenciado de tierras asignadas a un grupo determinado.

Si bien la controversia respecto del impacto de la radical Reforma Agraria ejecutada por el gobierno militar aún persiste, divididas las opiniones entre quienes la consideran un fracaso y, de otra parte, quienes la reconocen como una reforma social de gran impacto, se deben matizar generalizaciones que alejan del impacto real diferente generado en las regiones por la expropiación de tierras.

Ese es el origen de la presente investigación, cuyo objetivo central es –con base en cifras registradas en la Dirección Regional Agraria de Ayacucho– diferenciar zonas de aplicación de la Reforma Agraria y, sobre todo, vincular las afectaciones de predios con procesos en curso al momento de la entrega de tierras a campesinos, reconociendo las secuelas más importantes surgidas a partir de la constitución de grupos beneficiados.

Se debe reconocer, una vez más, que el énfasis de los estudios sobre la Reforma Agraria en el Perú se ha centrado en los grandes latifundios y las medianas propiedades costeñas; y, luego, en las haciendas ganaderas de la sierra norte, la región central y el altiplano puneño, tratando de demostrar si la Reforma Agraria fue un éxito o un fracaso.[1] En función de una visión ceñida al éxito o fracaso empresarial, el análisis basado en la expropiación de predios, fundos y haciendas deja de lado una buena parte del territorio ayacuchano, donde la principal institución es la comunidad campesina, en zonas donde la hacienda nunca se instaló.

Se entiende que esta investigación, basada centralmente en datos cuantitativos completos de extensión de predios afectados en cada provincia, complementados con datos históricos que esbozan los principales procesos que condicionan el contexto regional en el cual se aplicó la reforma debería complementarse con una indagación cualitativa que reúna diferentes vivencias de quienes fueron beneficiados o se consideren afectados. Construir una memoria con estos datos resultaría fundamental, pero escapa de las posibilidades de esta investigación, por el momento.

Aquí comienza esta historia

Desde la década de 1940, el tema de la Reforma Agraria comenzó a cobrar amplitud en todo el continente. Redistribuir la tierra era

1. En bibliografía, consultar textos fundamentales para entender el proceso de la Reforma Agraria: Caballero 1984, Caballero y Álvarez 1980, Matos y Mejía 1980, Mayer 2009.

el mejor camino para superar la pobreza y exclusión de millones de campesinos. Era la ejecución de las ideas de José Carlos Mariátegui, quien, en la década de 1920, señaló que la situación subordinada del indio solo se superaría devolviendo las tierras expropiadas a sus ancestros. La organización política del campesinado en su lucha por la tierra adquirió su máxima expresión en los años sesenta, como lo demuestra el aumento significativo de organización de sindicatos agrarios:

Cuadro 1
Sindicatos agrarios en el Perú, 1945-1968

	Sind. recon.	Sind. agrarios
1945-1947	264	42
1948-1955	78	7
1956-1961	396	55
1962-1968	1248	254

Fuente: Sulmont, en Burga y Flores Galindo 1980.

Durante el segundo gobierno de Manuel Prado (1956-1962), el Perú conoció la primera intención oficial de un proyecto de reforma agraria que pretendía reducir la presión de los movimientos campesinos, incrementada en esos años. El movimiento de los arrendires en el valle de La Convención, en Cusco, disparó las alarmas en los sectores gobernantes y, aunque resulte de alguna manera paradójico, fue la Junta Militar (1962-1963) —surgida de un golpe de Estado basado en la oposición al partido aprista, el cual había ganado las elecciones anuladas— la que dictó la primera ley de bases de la Reforma Agraria:

> [...] durante el corto periodo del gobierno institucional de las Fuerzas Armadas (1962-1963) en el que, como parte del proceso de debelación

> de la insurgencia del campesinado de los valles de La Convención y Lares se dicta la Ley de Bases de la Reforma Agraria y se ejecutan los primeros aunque limitados programas de transferencia de tierras. (Matos y Mejía 1980: 83)

En otras palabras, se trató de una reforma agraria con destino concreto: el valle de La Convención y Lares. Tratando de ampliar el espacio de intervención, el gobierno de Belaunde, en 1964, aprobó la Ley de Reforma Agraria N.° 15037.

Por último, en 1969, el gobierno de Velasco promulgó la Ley N.° 17716, que recién concluiría, entre 1981 y 1989, con el ordenamiento y reglamentación de las tierras afectadas mediante la aplicación del denominado Decreto 02.

Cuadro 2
Número y extensión de las unidades agropecuarias en el Perú,
según categorías económicas (estimado), 1961

	Unidades agropecuarias Número	%	Total (miles de ha)	Extensión (%)	Promedio por unidad (ha)
Haciendas	10.462	1,2	13.995	52,3	1338,1
Fundos capitalistas y pequeñas haciendas terratenientes	23.250	2,7	1006	3,8	43,3
Unidades de explotación familiar					
• Autosuficientes	98.370	11,5	876	3,3	8,9
• Minifundios	719.110	84,3	1124	4,2	1,6
Áreas de explotación comunal	2338	0,3	9770	36,5	4179,1
Total	853.530	100,0	26.771	100,0	31,0

Fuente: Matos y Mejía 1980.

A las cifras nacionales reunidas en el cuadro anterior se debe agregar el cálculo sobre la variación en el régimen de tenencia de tierra de los agricultores minifundistas realizado por Dancourt, según el cual el área conducida directamente por propietarios minifundistas aumentó 50% entre 1961 y 1972 (de 677.000 a 927.000 ha). No se puede asignar este aumento exclusivamente al impacto directo de la Reforma Agraria, que recién se ejecutaba en algunas regiones, pero sí que el impacto indirecto generó la venta de tierra por propietarios en retirada.

Cuadro 3
Régimen de tenencia de los agricultores minifundistas, 1961/1972

	1961	%	1972	%
Propietario	677	23	927	28
Arrendatario	114	4	55	2
Feudatario	66	2	70	2
Comunero	55	2	72	2
Otro régimen	35	1	11	0
Formas mixtas	88	3	220	7
Total ha	2996	100	3327	100

Fuente: Dancourt, citado en Caravedo 1980.

Ayacucho fue declarado zona de Reforma Agraria el 18 de febrero de 1970; es decir, al día de hoy ha transcurrido medio siglo de aplicación de la Reforma Agraria en esta región y se carece de un balance general en las diferentes provincias —con procesos y características diferentes— del impacto de una ley que incidió en la vida de miles de familias campesinas beneficiadas con la entrega de tierras pertenecientes a más de setecientos fundos expropiados; pero sería absurdo ignorar las diferentes tesis realizadas por estudiantes de la Universidad Nacional de San Cristóbal de Huamanga (UNSCH) sobre algunas zonas y predios específicos. Una primera oleada de estas tesis obedeció al impulso dado por el ingeniero Antonio Díaz Martínez (docente de esa universidad y exjefe del Programa de Colonización Río Apurímac, en Pichari) a los trabajos de tesis sobre estructura y tenencia de la tierra a fines de la década de 1960; antes de integrarse plenamente a su militancia en Sendero Luminoso, Díaz Martínez publicó *Ayacucho, hambre y esperanza* (en 1969), duro retrato de la realidad rural ayacuchana de esa época.

Luego vendrían numerosas tesis sobre esos temas, presentadas sobre todo por alumnos de la Escuela de Antropología de la misma universidad a lo largo de 1970 (véase las tesis de la UNSCH sobre comunidades campesinas, latifundios, Reforma Agraria, al inicio de la bibliografía).

Precisamente, la carencia de estudios que abarcaran la región en su conjunto fue el punto de partida del interés de este estudio, pues se conocía la abundante y ordenada información existente en la Dirección Regional Agraria, que permitió acceder a las fichas registrales de los fundos-haciendas intervenidos.

Es con el sustento complementario de información empírica incluida en esas investigaciones que se pretende ahora analizar las particularidades regionales que complementan y matizan las visiones globales, "nacionales", de la Reforma Agraria.

Entre esas particularidades regionales se constató que, en Ayacucho, al momento de aplicación de la Reforma Agraria, el universo de las grandes propiedades era muy reducido, concentradas ellas en las provincias del norte; por el contrario, existían centenares de pequeños "predios" (el lenguaje oficial de la Reforma Agraria habla de "predios"; pero, en la región, los términos más comunes son "haciendas" o "fundos").

No se puede sostener para la región Ayacucho la afirmación de muchos analistas respecto del fracaso económico de la afectación de propiedades empresariales originado por la Reforma Agraria, por una razón casi obvia: en el departamento de Ayacucho casi no había empresas agrícolas/pecuarias desarrolladas, capitalizadas, que hayan colapsado por la aplicación de la Reforma. Precisamente, la gran cantidad de propiedades, "fundos" existentes, relativamente pequeños, explicaba su existencia y reproducción por la vigencia de relaciones de producción precapitalistas que los sustentaban y permitían mantener la renta a sus propietarios, incapaces de invertir en tecnología o mejoras productivas al interior de sus predios. Las pocas grandes haciendas se concentraban en lo que se puede calificar —descontando la yunga del río Apurímac no intervenida por la Reforma Agraria y algunos otros valles pequeños— como los tres principales valles existentes: el valle del río Torobamba, en La Mar; el valle de Huanta; y el piedemonte sobre la margen izquierda del río Pampas, en Huamanga.

Más tarde se verá la dimensión demográfica que alcanza la anulación definitiva de estas relaciones sociales de producción, pero se adelanta que esta representa, como ha sido señalado por diversos investigadores, el principal logro de la aplicación de la Reforma Agraria en Ayacucho, pues conllevó al fortalecimiento de la conciencia ciudadana en amplios sectores rurales. La sociedad ayacuchana reconocía socialmente su división estamental en "indios, mestizos y señores", como se titula un texto de Arguedas, división profundamente cuestionada por las acciones de la Reforma Agraria.

Pero también se debe señalar que, en gran parte del territorio regional, la Reforma Agraria no tuvo injerencia por tratarse de territorios donde la propiedad se organizaba a través de comunidades indígenas, que precisamente se denominaron "campesinas" desde la implementación de la Ley de Reforma Agraria, en un esfuerzo oficial por cancelar la visión negativa de la sociedad "indígena". Pero, desde ya, para evitar apreciaciones incorrectas, es preciso señalar que al momento de aplicación de esta ley, buena parte del territorio regional pertenecía a comunidades indígenas, sobre todo los pastos de altura, casi exclusivamente comunales.

Además del territorio comunal existente, la Reforma Agraria en Ayacucho —al igual que en otras regiones del país— contribuyó a un intenso proceso de conversión posterior de los *grupos campesinos* concebidos por los funcionarios, en *comunidades campesinas reconocidas*, como se analizará más adelante.

En la sociedad rural ayacuchana, las comunidades tradicionales se diferencian claramente de los *hacienda runakuna* (*hombres de hacienda*), colonos y *arrendires*, descritos por Arguedas en un cuento que resalta la condición de indios libres de las comunidades frente a los campesinos subordinados a los "mistis" locales:

> Los utej no son indios humildes y cobardes, son comuneros propietarios. Entre todos y en faena labran la pampa, y cuando las eras están llenas, tumban los cercos que tapan las puertas de las chacras y arrean sus animales para que coman la chala dulce. Utej es entonces de todos, por igual... Por eso los utej son unidos y altivos. Ningún misti abusa así nomás con los utej... Los sanjuanes, en cambio, son muy pobres; la mayor parte son sirvientes de los mistis; vaqueros, concertados, arrieros. (Arguedas 1983: 21)

Los "colonos" o *hacienda runa* trabajaban gratuitamente buena parte del año en las tierras del patrón, a cambio de algunas "yugadas" sin riego. Sus mujeres servían una semana al mes en la casa hacienda, por ello se las llamaba "semaneras".

Se debe también argumentar en el presente estudio las características del proceso de fragmentación y compraventa de predios (haciendas, fundos) que, si bien es de larga data, se cree que se acentuó a lo largo de la década de 1960, ante la creciente expectativa por la aplicación de una reforma agraria siempre postergada del agro peruano.

Conforme señala Caballero (1984), el paradigma existente y predominante en la década de 1960 reunía, como ideas centrales, una visión dualista del mundo rural entre espacios tradicionales y espacios capitalistas, además de la contraposición latifundio-minifundio, y la existencia de una servidumbre semifeudal como sustento del agro andino. Esta interpretación conducía a dos propuestas centrales: una aludía a la redistribución de la tierra, y la otra al cambio de la agroexportación por la producción de alimentos para el mercado interno (Caballero 1984).

Ulpiano Quispe, en su tesis doctoral (2011), reúne una larga lista de investigaciones realizadas en la década de 1970 por estudiantes de la UNSCH, que, según él, ratifica la vigencia plena en la región Ayacucho de las formas de trabajo "semiservil" más comunes. Según Montoya, dos de estas formas de relación serían las más usuales: "concertados", con alimentación y salario anual; y "partidarios", quienes entregan parte de su cosecha "al partir" con el dueño de la tierra. Habría que añadir a los "propios", que eran campesinos que recibían una porción de tierra de la hacienda a cambio de realizar trabajos agropecuarios en los cultivos y en las crianzas, además de labores domésticas en la hacienda:

> Solo tienen "concertados" los "grandes señores", los que además de poseer "fundos" [...] son también ganaderos y comerciantes. Los pequeños y medianos propietarios "mistis" [...] recurren exclusivamente a los "partidarios. (Montoya 1980: 204)

Según Quispe, los términos *camayoc* en la zona sur y *tiapakuq* en la zona norte tienen significados similares: señalan un salario mixto, en dinero y en especies (Quispe 2011). Resultado de siglos de hegemonía ideológica, el paternalismo impregna la relación entre el hacendado y el colono *arrendire* o *partidario*.

El mismo Quispe señala que todos sus entrevistados, tanto los pertenecientes a grupos de poder como los campesinos comuneros, concordaban en señalar que antes de la aplicación de la Reforma Agraria "existían abusos de parte de los terratenientes gamonales hacia los comuneros campesinos, respaldados por las autoridades locales, provinciales y del gobierno central" (2011: 54), pero también sostenían que esta realidad prácticamente desapareció con la Reforma Agraria, si bien Quispe sostiene que la relación "gamonalista" se mantiene y reproduce en las mismas comunidades hasta hoy en día.

Es una afirmación sustentada en diversas tesis e investigaciones señalar que la Reforma Agraria en Ayacucho prácticamente liquidó las relaciones de trabajo precapitalistas en sus diferentes matices. Por ello, afirmar que las "relaciones serviles" predominaban en el campo ayacuchano luego de la Reforma Agraria a inicios de la década de 1980, tal como lo habían sido en la década de Mariátegui de 1920, fue quizás un serio error del análisis que Sendero Luminoso propuso para iniciar su "lucha armada" basada en el campesinado "para cercar las ciudades desde el campo". Al ceñirse a ese paradigma, Sendero Luminoso debió enfrentarse, cual don Quijote, contra los molinos de viento, a los prácticamente inexistentes "terratenientes semifeudales":

> [...] la ley ha servido para que algunos terratenientes vendan sus propiedades y se tornen rentistas urbanos y otros desalojan violentamente a los campesinos para cambiar la modalidad de renta o cultivar directamente la tierra. (Díaz Martínez 1985: 196)

El *Informe final* de la CVR ha señalado que el acceso diferenciado a los recursos en las comunidades e, incluso, en los grupos surgidos de la afectación, proporcionó a Sendero Luminoso el argumento necesario para lograr, sobre conflictos existentes originados por esta diferenciación interna, el apoyo de quienes se sentían disconformes con esa realidad:

> [...] se había producido un proceso de ampliación de los recursos de las familias comuneras por adquisición de pedazos de haciendas en decadencia. Esta ampliación, sin embargo, había sido conflictiva entre las comunidades y desigual en su interior, dependiendo del mayor o menor acceso a recursos monetarios y a diversas relaciones de cercanía con el antiguo hacendado. El viejo poder del hacendado, con su consiguiente control de los cargos de autoridad y de justicia, fue precariamente sustituido por estos nuevos campesinos acomodados. (CVR 2003: 96)

Para entender el contexto previo a la aplicación de la Reforma Agraria en la región Ayacucho, se debe recordar que, al momento de reabrirse la UNSCH en 1959, no solo aparecieron nuevas corrientes ideológicas y organizativas, sino que:

> [...] confluyen casi simultáneamente la invasión de Pomacocha, la expropiación de las tierras de cofradías por la comunidad de Huancasancos, la parcelación definitiva y el cerco de esas parcelas en Carapo, el arrendamiento y/o compra por casi toda la región (como en Chumpi, Coracora, donde los campesinos compran dos haciendas en 1958), los conflictos intercomunales entre Huancasancos, Ocoña, Lucanamarca, Quesca, o entre Chuschi y Canchacancha, cuyos comuneros afirman, al recordar ese conflicto, que: "En este lugar no hay ni ha habido hacienda ni hacendados porque no han venido a vivir los mistis". (Urrutia et ál. 1988: 464)

Esta efervescencia en el campo ayacuchano se explica por el activismo de algunos partidos políticos y el incremento de la organización gremial campesina, con la reivindicación de la tierra en el centro de sus agendas y programas. Ulpiano Quispe describe en su tesis doctoral su propia actividad militante:

> Fue emblemática la constitución de la Federación Provincial de Campesinos de Ayacucho (FEPCA), en 1963, ya que sus protagonistas principales fuimos los estudiantes de la UNSCH que, durante la semana asistíamos a nuestras clases y los fines de semana salíamos al campo a desarrollar trabajo político en las haciendas y comunidades campesinas de las provincias de Huanta, Huamanga, La Mar y Cangallo. Recuerdo que las invasiones a las haciendas ubicadas en estas provincias y de Andahuaylas se planearon en la ciudad de Ayacucho, precisamente impulsadas por la FEPCA, que nucleaba a dirigentes campesinos y estudiantes universitarios. (Quispe 2011: 22)

Se suma a estos hechos el surgimiento del movimiento guerrillero de 1965 en la provincia de La Mar, y el ajusticiamiento del más importante hacendado de esta provincia, que condujo indirectamente al abandono apresurado de varios fundos y haciendas de la zona por hacendados que nunca más volvieron a ella, dejando las tierras en manos de los campesinos.

Una imagen esquemática muestra que la Reforma Agraria afectó grandes latifundios y haciendas capitalizadas en la costa, mientras que en la sierra intervino medianos y pequeños fundos:

> En conjunto, las cifras no dejan duda de que la reforma expropió la inmensa mayoría de los latifundios privados (entendidos como unidades agropecuarias superiores a 50 Ha. de tierras de cultivo o 2500 Ha. de pastos naturales) y también una cierta cantidad (mayor en la sierra que en la costa) de fundos de menor tamaño. En total, un poco más de la tercera parte de las tierras de uso agropecuario del país fueron expropiadas y adjudicadas. (Caballero y Álvarez 1980)

Jaime Rivera resumió los datos sobre la superficie agraria departamental basado en el censo de 1961:

Cuadro 4
Superficie agrícola del departamento de Ayacucho, 1961

	Total ha	Total	En descanso	En actividad
TOTAL	4.418.104	195.960	66.900	129.060
Riego		52.425	2000	50.425
Secano		143.535	64.900	78.635
SIERRA	4.240.104	187.700	66.500	121.200
Riego		52.020	2000	50.020
Secano		135.680	64.500	71.180
SELVA	178.000	8260	400	7860
Riego		405	0	405
Secano		7855	400	7455

Fuente: Rivera 1971.

Se puede sintetizar que, según este censo, existían alrededor de 200.000 ha de tierra cultivable, la mayoría de ellas utilizadas solo con la llegada de las lluvias. El resumen de la distribución de tierra en las provincias era, según el mismo censo de 1961:

Cuadro 5
Unidades Agrarias por provincia, Ayacucho, 1961

	UA	ha
Huamanga	8787	173.474
Cangallo	15.246	54.247
Huanta	10.089	38.165
La Mar	6092	45.222
Lucanas	10.546	99.895
Parinacochas	6404	122.654
V. Fajardo	8881	68.983
Total	66.045	602.663

Fuente: Rivera 1971.

En ese censo se consideraron las siguientes formas jurídicas:

i. Propia
ii. Arrendamiento
iii. Aparcería (pago en cosechas o dinero)
iv. Yanaconaje (id. más servicios)
v. Tierras de comunidad

Se compararon estas cifras con las similares registradas por el Cenagro 1994, según las cuales en los 43.814,80 km^2 de extensión del territorio de Ayacucho, solo 39% se destinaba a fines agropecuarios. Dentro de este porcentaje, la superficie agrícola, representaba solo el 12,1% (208.335,95 ha), cifra similar a la de 1961, mientras que el espacio ocupado por pastos naturales representaba el 72% del total de tierras calculado en la región (1.234.183 ha).

Cuadro 6
Extensión de cultivos, pastos y montes en Ayacucho, 1994

	ha	Porcentaje
Cultivos	208.335	12
Pastos Naturales	1.234.183	72
Montes-Bosques	135.941	8
Otra clase de tierras	136.746	8
Total	1.715.205	100

Fuente: INEI 1994.

Las cantidades y porcentajes señalados en el cuadro anterior se explican, básicamente, porque la región Ayacucho presenta serias limitaciones topográficas, con un territorio mayoritariamente de puna, mientras que los cultivos se asientan en pequeños valles y quebradas. Se pueden distinguir con claridad, de otra parte, las provincias del norte, donde se concentran los predios agrícolas, de las provincias del sur, que concentran más de la mitad del territorio departamental, ocupada por pastos naturales, conforme se resume en el cuadro 7.

En el capítulo II se verán los detalles de características y procesos en cada una de las provincias, pero es pertinente destacar cifras regionales de la superficie departamental resultante del cuadro 7: más de la mitad de la superficie agrícola se concentra en las provincias de Huamanga y Huanta (57%), mientras que 53% de los pastos registrados en el departamento se encuentra en Lucanas y Parinacochas. Huancasancos y Sucre, por su parte, cuentan con la menor proporción de tierra agrícola (3,2% y 4%, respectivamente) de la superficie provincial.

Cuadro 7
Superficie agrícola por provincias, 1994

	Superficie agrícola		Superficie no agrícola						
			Pastos		Montes		Otras		%
	ha	%´	ha	%	ha	%	ha	%	
Huamanga	38.281,20	22	100.677,90	73,9	14.173,00	10,4	21.325,50	15,7	78,1
Cangallo	16.335,90	11	117.012,30	86,5	7071,80	5,2	11.237,20	8,3	89,3
Huancasancos	2937,20	3,2	80.647,50	91,2	2645,30	3	5132,80	5,8	96,8
Huanta	27.353,80	35	36.926,00	71,8	7000,50	13,6	7488,80	14,6	65,3
La Mar	46.532,90	18	71.426,50	49,9	36.906,50	25,8	34.817,40	24,3	81,7
Lucanas	34.732,20	5,9	521.535,70	95,81	13.033,90	2,4	9787,80	1,8	94,1
Parinacochas	14.877,90	8,9	131.685,50	86,7	12.043,80	7,9	8235,00	5,4	91,1
Páucar del Sara Sara	6267,50	19	19.991,70	76,2	309,3	1,2	5918,50	22,6	80,8
Sucre	3968,90	4	55.885,90	59,9	14.675,80	15,7	22.686,60	24,3	96
Víctor Fajardo	9285,70	10	64.649,50	79,8	11.993,60	14,8	4322,70	5,3	89,8
Vilcashuamán	7763,00	12	33.745,40	60,7	16.088,00	28,9	5794,20	10,4	87,8
	208.336,20		1.234.183,90		135.941,50		136.746,50		

Fuente: INEI 1994, INEI 1996.

Para explicar el proceso de aplicación de la Reforma en Ayacucho, es importante señalar que la Dirección General de Reforma Agraria dividió administrativamente el departamento en tres zonas: la Zona Agraria X, de Junín, atendió las provincias de Huanta, La Mar, Huamanga, Cangallo, Vilcashuamán y Víctor Fajardo; la Zona Agraria V, de Ica, se responsabilizó por Lucanas; y la Zona Agraria VI, de Arequipa, se encargó de Parinacochas. En ese entonces, el departamento de Ayacucho estaba dividido políticamente en siete provincias, posteriormente se crearon Vilcashuamán, Huancasancos, Sucre y Páucar del Sara Sara.

Fueron miles los "predios" expropiados en todo el país por la Reforma Agraria entre 1970 y la década de 1980, sumando, entre todos, 7.677.083 ha. Frente a las cifras nacionales, la superficie expropiada en Ayacucho resulta sumamente reducida, pues en esta región fueron intervenidos 703 haciendas y fundos, a quienes se les expropió un total de 326.368 ha (4% del total nacional) —de las cuales 208.336 ha tenían aptitud agrícola— que fueron entregadas a cooperativas agrarias de producción, grupos campesinos, comunidades campesinas, instituciones públicas, etc.

Más adelante se analizará cada una de las provincias intervenidas, pero se recuerda que en Ayacucho se crearon:

> [...] once Cooperativas Agrarias de Producción: 02 en la provincia de Huanta; 03 en La Mar; y 06 en Huamanga; sobre el dominio de 37.617.00 ha, beneficiando a más de 1500 familias exfeudatarias de las haciendas afectadas. (Sinamos 1976: 20)

La intención inicial de generar cooperativas devino en la constitución de grupos campesinos beneficiarios como única alternativa para yanaconas/colonos no vinculados a alguna comunidad. En efecto, luego de algunos años de adjudicada la tierra, casi la totalidad de estos grupos campesinos descartaron la posibilidad de adoptar un modelo cooperativista; por el contrario, tramitaron activamente su conversión en comunidad campesina. Los integrantes de estos grupos campesinos eran, como dijimos, campesinos conocidos en el habla regional como *hacienda runakuna* (gente de hacienda) que, a través de diversas modalidades (yanaconas, arrendires, partidarios, concertados), tenían acceso a fragmentos periféricos de terrenos del predio mayor a cambio de servicios o productos.

Convertir el *grupo campesino*, organizado por los promotores de Sinamos, en *comunidad campesina*, obedeció a la necesidad de los campesinos de definir con claridad el territorio recibido por la Reforma Agraria, lo que otorgaba seguridad legal ante posibles usurpaciones de expropietarios o de terceros, pues las artimañas de estos expropietarios para recuperar sus propiedades incluían no solo demandas judiciales sino, incluso, la búsqueda de su incorporación en… ¡un grupo campesino beneficiario! De igual manera, las limitaciones legales para titular la tierra recibida a título familiar o individual condicionaban el reconocimiento de un grupo campesino como comunidad campesina.

No se debe olvidar que uno de los principales objetivos de la Reforma Agraria para la sierra fue modernizar el sistema productivo del agro (con la eliminación del latifundio y el minifundio) y establecer relaciones sociales de producción modernas; por eso, la propuesta de generar empresas agrarias con 2 sociedades agrícolas de interés social-SAIS en Pausa y Huamanga, y 12 cooperativas agrarias de producción-CAP sobre la base de las mejores tierras (áreas de cultivos bajo riego, aptas para productos con mejores precios de mercado como frutales, menestras, etc.) de los fundos en Huanta, La Mar y Huamanga. A diez años de aplicación de la Reforma Agraria en Ayacucho, absolutamente todas las empresas agrarias generadas y la mayoría de los grupos campesinos iniciaron el proceso de reconversión en comunidades campesinas, tal vez por dos razones fundamentales: primero, porque la propuesta de asociatividad de la Reforma Agraria no estuvo al alcance de los beneficiarios (alto porcentaje de analfabetismo y de monolingües quechuahablantes, así como bajo conocimiento y poco manejo de los mecanismos de mercado, con expectativas que respondían más a estrategias productivas para la seguridad alimentaria y supervivencia); y, segundo, por obtener la plena seguridad de la tenencia o propiedad de la tierra.

Como se dijo, Ayacucho fue declarada zona de Reforma Agraria el 18 de febrero de 1970, y es evidente que la demora en su aplicación en los departamentos de Apurímac, Ayacucho y Huancavelica varios años después de la dación de la ley permitió diversas formas de aprovechamiento de parte de los propietarios de haciendas y fundos, quienes liquidaron maquinarias, lotizaron, crearon empresas fantasma, incluso se incorporaron como beneficiaros a algún grupo campesino creado por la Reforma Agraria, e iniciaron acciones legales para lograr la restitución de su propiedad.

Además de los datos registrados en el archivo de la Dirección Regional Agraria, se ha recurrido al Archivo Regional de Ayacucho, tratando de medir la amplitud del proceso de desmembramiento de la propiedad rural.

Se plantearon, asimismo, algunas interrogantes al inicio de la investigación, a partir de información que se conocía por diversas fuentes:

- ¿Cuáles eran los procesos más importantes en curso en el espacio rural ayacuchano al momento de la aplicación de la Reforma Agraria?
- ¿Cuántos fundos fueron afectados por la Reforma Agraria?
- ¿En qué medida la Reforma Agraria resolvió las demandas campesinas de la década del sesenta?

- ¿Cuáles fueron los impactos más significativos de la redistribución de tierras?
- ¿Quiénes fueron los beneficiados con la Reforma Agraria?
- ¿Cuáles son las características provinciales?

La metodología se basa inicialmente en la revisión bibliográfica, tanto de textos que han estudiado la Reforma Agraria a escala regional, como de tesis y escritos sobre la situación rural en la región Ayacucho en el periodo de interés de este estudio. Pero el soporte central de la indagación se encuentra en el Archivo de la Dirección Regional Agraria (A-DRAA), que conserva la documentación generada por las actividades de intervención de los funcionarios de la Reforma Agraria; complementariamente, el Archivo Regional de Ayacucho (ARAy) es una fuente ineludible igualmente para entender los procesos que condicionan el contexto de aplicación de esta reforma. Por último, se dispone no solo de las vivencias de los autores en el periodo de aplicación de esta reforma, sino también de entrevistas a personas que fueron actores o testigos del proceso de ejecución de la misma.

Capítulo I
Haciendas y comunidades en la historia regional

> La comarca deste pueblo es áspera por ser todo sierra y haber pocos y pequeños llanos, y por tener muchas quebradas hondas. Es tierra rasa hasta llegar a los Andes, ques una tierra montuosa.
>
> Es tierra doblada y cavernosa: lo alto es tierra fría, pelada seca y esteril, lo bajo, donde hay ríos y quebradas de agua es tierra templada y fértil; dase cualquier cosa, asi de pan y vino, como frutas de España y de la tierra.
>
> Los ríos e quebradas descienden de sierras nevadas y despoblados; van profundos y recios; hacen los valles angostos, y en algunas partes hace tanta calor como en los Llanos; es tierra mal sana para los indios serranos; no viven en ellos sino Ingas mitimaes y de otras naciones naturales de tierra caliente, y estos son pocos. (De la Bandera 1881 [1557])

¿Cuáles son los procesos que convirtieron a algunos espacios de la región Ayacucho en territorios donde predomina la propiedad privada de fundos, mientras que en otros es la comunidad indígena la que ocupa en propiedad la mayor parte de la tierra? Merecería más de una tesis describir el proceso de formación de haciendas/fundos en la región luego del reparto de encomiendas en el siglo XVI.

Igual se deben encontrar explicaciones para el mantenimiento de los territorios étnicos, convertidos poco a poco en comunidades indígenas. Apenas se puede en estas líneas esbozar algunas pistas y sugerencias que parecen pertinentes para quien afronte aquel reto.

Disponer de tierras con mejor acceso al agua y condiciones geográficas adecuadas, además de encontrarse en el entorno de los centros urbanos cabecera de la administración colonial —sobre todo Huamanga— puede ser una de las razones de esta diferenciación espacial basada en propiedad privada vs. propiedad comunal; las rutas existentes pueden complementar esta justificación. Pero, a manera de hipótesis, se podría decir que la cantidad de fundos existentes al momento de la Reforma Agraria tiene alguna relación, en algunas zonas, con sedimentos históricos que remiten al reparto de encomiendas.

Queda la inquietud de investigar si la continuidad de una mayor integración étnica limitó el surgimiento de haciendas y fundos en la época colonial. El mejor ejemplo podría tomarse de Lucanas y Huancasancos, donde la mantención de la referencia étnica limitó la apropiación de tierras de indígenas. En el territorio donde más mitimaes fueron colocados en épocas prehispánicas es donde mayor dispersión de la propiedad existe. Esta hipótesis es contradicha en la provincia de Víctor Fajardo, ocupada casi exclusivamente por mitimaes y sin mayores predios privados al llegar la Reforma Agraria.

Se puede proponer también que los territorios de pastos extensivos, en la puna departamental, no fueron del interés de quienes querían disponer de tierras básicamente agrícolas, de tal manera que ese inmenso espacio quedó como propiedad indígena. Esta idea puede aplicarse a las provincias del sur, pero en Huanta fueron muchas las haciendas en zonas de altura, vinculadas estrechamente a la mano de obra indígena. Es difícil, entonces, encontrar una propuesta que abarque toda la región; sea como fuere, aún no se dispone de una explicación adecuada de la división entre territorios comunales y territorios de haciendas, sobre todo en una región donde el gran latifundio es la excepción.

El Obispado de Guamanga fue creado en 1565 e incluía nueve corregimientos: Guamanga, Huanta, Vilcashuamán, Andahuaylas, Huancavelica, Angaraes, Castrovirreina, Lucanas y Parinacochas. Pocos años después, la visita del virrey Toledo presentó la distribución étnica y la población tributaria de cada grupo en la región de Huamanga, completada con los tributarios de Zángaro, Huanta y Vilcashuamán, que son nombres de territorios y no de un grupo étnico.

Cuadro 8
Región de Huamanga: etnias y tributarios, 1570

Visita de Toledo 1570	Tributarios	N.° de encomiendas
Lucanas	7351	3
Angaraes	2647	4
Chocorvos	2282	4
Zángaro y Huanta	4208	5
Vilcashuamán	5672	7
Parinacochas	6811	6

Elaboración propia.

Las reducciones organizadas por el gobierno toledano para regularizar el tributo indígena tuvieron éxito relativo en la zona, pues muchas veces los indios reducidos volvían a su asentamiento de origen, como señala Damián de la Bandera en su *Relación* sobre Huamanga:

> [...] hizo hacer en la ultima reducción por la cual y haberse mudado de diferentes temples, juntamente con las causas arriba declaradas, ha muerto mucha cantidad de indios; y asi los dichos pueblos recién reducidos no son permanentes por la mayor parte porque después de la dicha reducción y verse los inconvenientes que hay en haberse mudado a diferentes temples y sitios mal sanos y lejos de sus sementeras se han vuelto a poblar muchos pueblos donde antes estaban y a otras partes, con licencia de los gobernadores y con parecer de los corregidores de sus distritos, los cuales podrán dar mas larga relación desto. (De la Bandera 1881 [1557])

Según Steve Stern (1982), hacia 1640 los empresarios españoles, al igual que los empresarios indígenas, tendieron a focalizar la acumulación de propiedad privada en las mismas zonas que atraían a su contraparte española: los fértiles valles de Angaraes-Huanta, la ciudad de Huamanga y sus valles periféricos, las montañas de coca y, en menor proporción, los pastos y tierras a lo largo del camino que cruzaba Vilcashuamán en dirección al Cusco y Potosí. Menciona también Stern (1982) que, en la primera composición de tierra, realizada en 1594, algunos curacas de Huanta se aseguraron títulos privados de extensas tierras que administraban a nombre de los ayllus (Stern 1982).

Prácticamente cancelada la posibilidad de acceder a encomiendas, aumentó de parte de vecinos españoles el interés por obtener tierras, por lo que la composición de tierras se convirtió muchas veces en el método abusivo de lograrlas; como señala Vargas Ugarte, el despojo de tierras indígenas se derivó de la composición ejecutada en 1631.

Así, a lo largo del periodo colonial se fueron constituyendo pueblos y haciendas en la región, a partir tanto de la composición de tierras como de la ratificación de títulos tempranos otorgados a los ayllus y comunidades indígenas.

No se dispone de cifras respecto de la cantidad de haciendas existentes en la región entre los siglos XVII y XIX, pero sí se puede fijar su origen en la desestructuración de los grupos étnicos, la fragmentación de estos, el brutal descenso demográfico que incluye, además de epidemias fulminantes, la fuga para escapar de mitas y tributos; todos estos procesos dejaron, con toda seguridad, amplios espacios semidespoblados en los cuales las composiciones de tierras permitieron la aparición de diversas propiedades privadas. En este universo es posible constatar, desde el siglo XVII, el registro de conflictos de herencias y sucesiones, proceso que se suma, luego de la independencia, a la presión para apropiarse de las tierras comunales.

Los corregimientos fueron suprimidos y sustituidos por las intendencias que, a su vez, se componían de partidos. En el caso de la Intendencia de Huamanga, los partidos eran en buena medida continuación de los corregimientos: Huamanga, Huanta, Andahuaylas, Lucanas, Parinacochas, Anco y Cangallo.

Huancavelica, Angaraes y Castrovirreina pasaron a formar parte de la Intendencia de Huancavelica, y por el interés de la ciudad de Huamanga de controlar un área cocalera, se incluyó Anco en ella.

Merece destacarse en la región en el siglo XVIII el "imperio" consolidado por la Orden jesuita, que quedó plenamente registrado en el inventario levantado por la Junta de Temporalidades encargada de administrar esos bienes luego de la expulsión de la Compañía. Haciendas, viviendas, huertos, molinos, desfilan en el registro parcial de venta:

Remate de Temporalidades de Huamanga:

1. Remate de hacienda de San Antonio de Astania (obraje de Ccaccamarca).
2. Hato de Paucho a Lorenzo Argumedo por 900 pesos.
3. Tierras de Guacrapuquio a Maria Luisa Eyzaguirre por 1300 pesos.
4. Huertita de Barrio de San Blas a Francisco Palomino por 360 pesos.
5. Molino de Loreto. General Fernando Cosio. 1000 pesos.
6. Casita de Soquiacato.
7. Casita Pucacruz. Ramon Quintana.
8. Solarito de Sutuqchaca.
9. Solarito de Soquiacato.
10. La Viñaca a Cayetano Ruiz.
11. Huerta de San Pedro. Cayetano Ruiz.
12. Hacienda de Moyoc.
13. Hacienda de Pampay.
14. Hacienda cocal de Chepita.
15. Suso, Qeqra y hato de Palca.
16. Tierras de Pacurí.
17. Trece tiendas a Nicolas Argumedo. 4000 pesos.
18. Hacienda de Ayrabamba a Diego Alonso.
19. Hacienda de Chilcaxasa a Nicolas Argumedo.
20. Ranchería del barrio de San Sebastian.
21. Casita en la calle Nueva.
22. Casita en el barrio de El Calvario.
23. 40 mulas a los arrieros Dionisio y Luis Chavez.
24. Hacienda de Aco a Maria Bautista de la Cruz.
25. Hacienda de Ccaccamarca.
26. Hacienda de Pomayicay (¿?).
27. Hacienda de Aco y chacra Llamoqtachi.
28. Hacienda de Quechanchecchipata (¿?).
29. Hacienda de Texaguasi al escolero Vizente Expinoza.
30. Hacienda cañaveral de La Colpa.
31. Hacienda de Tancayllo. (ARAy, Int., Adm., 1801-1807, leg. n.° 2, año 1806)

No aparece en este remate Ninabamba, la mayor hacienda agrícola del siglo XVIII y de toda la historia regional, propiedad de la Compañía de Jesús, que abarcaba prácticamente todo el valle del Torobamba, en la actual provincia de La Mar, y que se consolidó como un emporio multiproductor, que incluía un obraje. Indivisa hasta su adquisición en 1775 por José Gómez Carrasco ante la Junta de Temporalidades, la historia del siglo XIX de esta inmensa propiedad reúne la fragmentación lenta por herencia y venta hasta zanjar en 1891, mediante un laudo arbitral, las discrepancias entre los propietarios de las cinco haciendas en que se subdividió la propiedad jesuita original, que incluía entre ellos a Artemio Añaños, propietario de Patibamba y congresista por muchos años, quien debió enfrentar una amplia protesta indígena en 1923, liquidada a sangre y fuego por los gendarmes enviados para reprimirla.

A inicios del siglo XIX en Huanta, el principal producto de exportación —la coca— implicó la existencia de numerosas propiedades en quebradas que desembocaban sobre la margen izquierda del río Apurímac: Acon, Choimacota, Buena Lerma:

> En las fronteras de los partidos de Anco y Chungui hay más de setecientas haciendas cocales formadas por españoles e indios con tierras realengas, sin más título ni compra de su Majestad que el haberse apropiado de estas tierras cada uno según de su voluntad. (O'Higgins 1953 [1804]: 520)

Mientras, en Huamanga, un censo hecho por Carratalá en 1823 para obtener cupos forzados de propietarios de haciendas y molinos en la periferia de la ciudad retrató el monto de ingresos de la "clase propietaria", muy lejos de lo que obtenían encomenderos y mineros de siglos anteriores. La mayor valorización hecha a una hacienda en ese censo de guerra apenas sobrepasó los 600 pesos.

Si bien Ponciano Del Pino (1994) remarcó el aumento del tráfico ganadero como resultado de la explotación del guano de las islas, la historiografía aún no ha medido suficientemente el impacto del ciclo guanero en la economía regional de Ayacucho. Algunas evidencias, sin embargo, como señala el mismo Del Pino, demuestran el fortalecimiento de circuitos comerciales, sobre todo del ganado vacuno en pie transportado hacia haciendas y centros urbanos costeños. Rodrigo Montoya (1980) estudió ampliamente el activo circuito ganadero que vinculaba Andahuaylas y Lucanas con el puerto de Lomas en la segunda mitad del siglo XIX, mientras en el mismo periodo se consolidó el eje paralelo Lima-Chala-Coracora (Choque 2002).

Según Nelson Pereyra (2015), los padrones de 1869-1879 en Huanta y La Mar registraron 249 propiedades y 47 haciendas dedicadas al cultivo de caña y la producción de aguardiente. Mientras que en Cangallo existían 31 haciendas productoras de gramíneas y caña y 131 hatos de ganado. En las lejanas Lucanas y Parinacochas, se constataban 500 predios rurales, fundamentalmente alfalfares.

En esta misma época pareció reducirse la presión sobre los recursos comunales, pues es posible comprobar el aumento de compraventa de algunas haciendas, así como la fragmentación entre herederos, proceso que se incrementaría a fines del siglo XIX. Fueron comunes en la segunda mitad de este siglo los litigios sobre la propiedad de estas "haciendas", de reducida extensión y pobres en recursos, juicios que derivaron incluso en agresiones físicas y acusaciones criminales.

Se puede confirmar en la revisión de documentación sobre propiedad de la tierra reunida en el archivo departamental la importante posesión de predios que las diferentes órdenes religiosas acumularon a lo largo de la historia. Al igual que existen diversas investigaciones sobre las haciendas jesuitas, se espera el mismo interés para las otras congregaciones, sobre todo los conventos de monjas de Santa Clara y Santa Teresa, otorgantes de créditos y préstamos. Lo mismo se puede decir de los curas diocesanos, encargados de las parroquias rurales, conocidos en el lenguaje popular huamanguino como *chacracuras*, cuyos testamentos relevan de mayor explicación. Así, por ejemplo, el del presbítero Mariano Saturnino Muñoz, cuyo testamento invoca que:

- con los propietarios de la hacienda de Socos tiene un pleito pendiente por los terrenos que le usurparon.
- Don Pedro Casafranca sacó una acequia por su hacienda Socos.
- La hacienda de Chaupimayo (Acobamba) deja para la iglesia de Acobamba.
- Deja la hacienda Socos y tres chacras para su madre e hija que después del termino de sus días pase a la iglesia.
- Que los ganados que tiene en la hacienda sean vendidos para celebrar misas en bien de su alma. (ARAy, CSJ, civiles, leg. 38, año 1864)

Por su parte, las comunidades indígenas se enfrentaron judicialmente; de una parte, con diversas autoridades consideradas abusivas; y, por otro lado, expresando el conflicto más recurrente, con quienes consideraban usurpadores de su territorio, básicamente haciendas colindantes. En el primer siglo de vida republicana, los datos departamentales se condensan en el cuadro 9.

En resumen, en las últimas décadas del siglo XIX y las primeras del XX, la producción triguera y cocalera, la venta de fibra de camélidos y lana de ovinos y, sobre todo, la comercialización de vacunos en pie en diversos ejes de comercialización, resumían en la región los productos de exportación significativos, pero ninguno impulsó la concentración de tierras; la prueba de la fragmentación es que existían, en los mismos espacios, más haciendas en los alrededores de Huamanga a inicios del siglo XX que una centuria atrás. Se debe

Cuadro 9

Conflictos que involucraron a comunidades, Ayacucho 1825-1900

Motivo	1825-35	1836-45	1846-55	1856-65	1866-75	1876-85	1886-95	1896-1900	Total
Intercomunales por tierras, etc.	-	-	3	1	4	1	3	4	16
Abuso autoridades (nacionales)	4	6	3	1	1	1	4	2	22
Oposición a tributo/contibuc., mita, diezmos, etc.	3	3	2	-	-	-	5	1	14
Motín/levantamiento (por varios)	1	1	3	-	-	1	9	2	17
Comunidad contra hacienda	2	7	9	5	5	1	6	3	38
Comunidad contra cura	-	2	-	-	-	-	3	1	6
Comunidad contra particulares	4	3	4	2	-	-	1	3	17
Abigeato	1	-	-	-	-	-	-	-	1
Intercomunales por abigeato	-	1	-	-	-	-	1	-	2
Total	15	23	24	9	10	4	32	16	133

Fuente: Urrutia et ál. 1988.

señalar que, junto con la venta de tierras de poca rentabilidad para los propietarios, se constató el aumento del arriendo —en especies o dinero— de fragmentos de hacienda.

Algunos inmigrantes europeos establecieron afortunadas alianzas matrimoniales con herederas de haciendas de buena rentabilidad en territorios con riego permanente y clima adecuado, e implementaron una agricultura relativamente tecnificada para los parámetros regionales. Estos inmigrantes extranjeros en la ciudad serían exitosos en sus actividades comerciales y productivas, no solo por sus alianzas matrimoniales, sino también por provenir de sociedades donde las relaciones mercantiles, la acumulación de capital, el ahorro y la planificación de la ganancia eran elementos culturales centrales de muy vieja data. Coracora es el mejor ejemplo, gracias a un grupo de inmigrantes exitosos llegados a esa capital provincial a mediados del siglo XIX: Rosenthal, Galesfsky, Rutnik, Ritcher, Sretsky, Vagatul, Bandock, Salomón, quienes instalaron casas de comercio vinculadas básicamente al negocio de acopio y exportación de fibra de camélidos.

Los periodos de crisis se presentaron cíclicamente en la región por efecto de fenómenos climáticos. Prueba cabal es la afirmación de la comisión nombrada en 1906 por el Concejo Provincial para atender los reclamos de los ganaderos de C4armenqa y San Juan, que sufrían la sequía prolongada de las provincias del sur en donde adquirían el ganado:

> [...] la espantosa crisis que hoy dia abruma y pesa en las que en otros tiempos eran las provincias de Lucanas y Parinacochas en el ramo de ganadería a que principalmente vivían consagradas. (ARAy, Mun, leg. 113, año 1906)

El estancamiento del centro regional y la crisis evidente del sistema latifundista en Ayacucho, acrecentada desde la década de

1950, han sido estudiados por Modesto Gálvez y Lucía Cano (1974), quienes explican este decaimiento al acentuarse la dependencia de la región norte de Ayacucho hacia el valle del Mantaro, desde la apertura de la ruta vehicular Ayacucho-Huancayo en 1924.

En el ámbito local tiene igualmente repercusión la prohibición de la institución de *varayos* a inicios del siglo XX, aunque su extinción se produciría lentamente según las provincias. En el caso de Huamanga, los varayos reclamaron en 1904 contra un bando prefectural que los prohibía. El gobernador distrital comunicó al subprefecto provincial que:

> Por el bando prefectural de 31 de Diciembre último se halla suprimido el servicio gratuito en todo el territorio de mi jurisdicción...Ahora solo se asentua el clamor de todos los varayos que privados de sus varas que son la insignia de la autoridad que invisten reclaman con el mayor ahinco se les devuelvan para que con eficacia cumplan las ordenes impartidas por este despacho, las que se relacionan con las de esa superioridad; pues que sin la intervención de dichos varayos mis disposiciones son ilusorias y entre ellos mismos no hay ese respeto que antes les dispensaban las comunidades de mi dependencia, sino mas bien los hostilizan dándoles el calificativo a cual mas ofensivo. (Pref., SP Huamanga, leg. 03, año 1904)

Este alegato canalizado por el subprefecto de Huanta para mantener la institución de varayos se contradice con otras propuestas dirigidas a "modernizar" la sociedad indígena. En efecto, dos años después, el gobierno circuló una propuesta liberal que rezumaba prejuicios pero, igualmente, pretendía superar las relaciones abusivas que se utilizaban contra los indios para lograr su trabajo gratuito:

> He tenido el honor de recibir la transcripcion de la circular del Sr. Ministro de Gobierno signada con el N°84 y fechada el 17 de Noviembre ultimo, por la que se manifiesta que es deseo de SE levantar

> el nivel moral de los aborígenes del país, con cuyo fin me recomienda hacer propaganda que tienda a desarraigar el concepto de inferioridad del indio, que no se permita que los propietarios hacendados e industriales se aprovechen del trabajo del indio sin pactar previamente su salario, que este salario se abone en dinero sin que la forma de abono encierre una esclavitud para el jornalero y sus hijos; hacer que los jueces pongan especial esmero en las denuncias que formulen los indígenas y terminen sus juicios en gran brevedad apara que la impunidad no interrumpa los sanos propósitos; impedir que los enganchadores y envarados los engañen con contratos lesivos; combatir el alcoholismo; modificar el carácter de las fiestas populares; propagar la conveniencia de la educación; y vigilar el complimiento de la ley de conscripción. Felipe Bedoya. (Pref., Of. Rec., SP Huanta, leg. 12, año 1906, ARAy)

En 1921, el Congreso regional reunido en Huánuco ratificaría esta prohibición que afectaba a las comunidades indígenas. Pero, en varias comunidades, el sistema de varas continuó vigente hasta la época de la Reforma Agraria, e incluso luego:

> Los envarados están organizados de la siguiente manera: alcalde o qatun alcalde. Alcalde campo, Mayor, Regidor, Fiscal, Albacer, Decorio Mayor, Decorio Menor o inspector. Esta organización cumple en la actualidad diferentes funciones tanto religiosas como en los trabajos comunales, organización de fiestas, velar por la mejor marcha de la comunidad. El envarado Alcalde mayor es consejero inmediato del teniente gobernador y máxima autoridad entre los envarados, el envarado Alcalde Campo es consejero inmediato del Agente Municipal. (Carrillo y Huamani 1975: 14)

Como excepción, destaca hasta hoy, en las punas de Huanta, la persistencia del arraigado sistema de varas, expresión de un orden social particular, vigente hasta la actualidad.

A mediados del siglo XX, entonces, se puede resumir la visión de la región como un espacio fragmentado, con producción estancada, relaciones laborales precapitalistas, obsoletas y paralizadoras de cualquier desarrollo, mentalidad rentista de la élite, a lo que se suma la baja calidad de los recursos disponibles, la fragmentación de las haciendas mayores y la disminución acelerada de la producción artesanal, que no pudo competir con productos manufacturados importados. En resumen, indicios claros de una "mediterranización" e, incluso, estancamiento de la economía local, dependiente como siempre del agro y de los campesinos.

Una economía rentista como la de los hacendados ayacuchanos no tenía ya futuro y arrastraba el languidecimiento regional. En efecto, la gran mayoría de las haciendas, que eran la fuente de ingresos de estos propietarios, no sufrió ninguna mejora tecnológica, basando su "margen" de ganancia en el trabajo gratuito o mal remunerado de campesinos dependientes de ella. Además, es notorio el proceso de fragmentación de propiedades por herencia o venta, a diferencia de otras regiones del país donde, en la misma época, el latifundio se consolidó. Muchos propietarios de fundos optaron por abandonar sus propiedades vendiéndolas a sus propios colonos o comuneros vecinos.

En 1959, el gobierno de Manuel Prado designó una comisión encargada de realizar una propuesta de Reforma Agraria. El objetivo principal no era alterar la propiedad de la tierra ya existente, sino colonizar el territorio amazónico mediante la creación de espacios adecuados para la instalación de colonos que llegarían de la sierra, para aliviar así la presión sobre las propiedades en dicha zona. En lo que compete a la región Ayacucho, esta comisión acordó la creación de la colonización de Pichari, sobre la margen derecha del río Apurímac, en territorio perteneciente políticamente a la provincia de La Convención, en Cusco, pero vinculado al departamento de

Ayacucho desde épocas inmemoriales por motivo de una más rápida comunicación.

Sin embargo, eran años de efervescencia en el movimiento campesino, y a lo largo del país se sucedían diversas movilizaciones, muchas veces con enfrentamientos sangrientos con las fuerzas policiales, por lograr el acceso a mayores tierras. En 1958, se formó la Federación Provincial del Valle de La Convención y Lares, que organizó sindicatos en todo el valle. En 1962, el movimiento de La Convención alcanzó su punto más álgido al producirse una exitosa huelga general. Fue por la presión de los sindicatos campesinos que la misma provincia de La Convención fue declarada por la Junta Militar instalada en 1962 como la única área de aplicación de la Reforma Agraria propuesta para contrarrestar el consolidado movimiento campesino que hacía presagiar, según algunos, una "revolución social".

Hugo Blanco, líder principal de la organización campesina, se convirtió en el principal enemigo del orden público y en el responsable de la oposición a los terratenientes sindicados como ejemplo mayor de lo que se denominaba "gamonalismo"; es decir, la combinación de propiedad "misti" de la tierra, con acceso al poder local y regional y, por otra parte, con superioridad social plagada de prejuicios y abusos sobre la población indígena.

Las movilizaciones campesinas en aumento y las promesas electorales que había realizado anunciando la aplicación de una reforma agraria en caso de ser elegido, condujeron en 1964 al gobierno de Fernando Belaunde a la promulgación de una Ley de Reforma Agraria que reconocía el derecho a la propiedad de las parcelas ocupadas por los campesinos, y eliminaba el trabajo gratuito además de garantizar la propiedad de los territorios comunales. Pero esta Reforma Agraria no dejó de ser un mero enunciado legal sin ninguna intervención en la sociedad rural real.

En Ayacucho, el ejemplo aislado, paradigmático y excepcional de movilización campesina organizada está representado por la hacienda Pomacocha, en Cangallo, propiedad de las monjas del convento de Santa Clara de Ayacucho, invadida y expropiada por sus colonos dependientes, a inicios de la década de 1960. Algunos investigadores sostienen que disponía de más de 1000 familias de siervos sobre sus 6200 ha. Pocos años después sucedería lo mismo en la hacienda Ccaccamarca, donde existían 400 familias de colonos que expulsaron a los propietarios y se repartieron las tierras, para luego organizarse como comunidad en el distrito de Ocros.

Personaje crucial en estas movilizaciones campesinas regionales fue el dirigente Manuel Llamojha Mitma, fundador de la Federación de Comunidades Campesinas de Cangallo, a quien se le llamó "el tigre del Pampas". Recientemente fallecido, Llamojha resumió en su biografía los momentos más importantes de la lucha emprendida en la provincia de Vilcashuamán por colonos dependientes de las grandes haciendas. Nombrado personero en la hacienda de Ccaccamarca, organizó allí en 1948 un sindicato de colonos que, luego de una huelga exitosa que duró un año, logró abolir el trabajo gratuito. La hacienda fue adquirida en 1962 por los comuneros. También, a nombre de los comuneros de Concepción, este líder sostuvo un juicio exitoso contra la hacienda de Ayrabamba, recuperando en 1966 alrededor de 1650 ha, por lo que dejó al hacendado con menos de 200 (Llamojha y Heilman 2016).

Fue en el distrito de Chungui, en la provincia de La Mar, donde ocurriría en 1965 un suceso que cambiaría la estructura de la propiedad e, incluso en el valle hacendil del Torobamba, tendría repercusiones inesperadas. En la hacienda Chapi, la más grande de todas las haciendas del departamento de Ayacucho, un grupo de guerrilleros del Ejército de Liberación Nacional (ELN) encabezado por Héctor Béjar, ajustició, con apoyo de los colonos, a los hacendados propietarios.

40 años antes, en el valle del Torobamba, en la ciudad de San Miguel, el hacendado y congresista leguiista Añaños debió recurrir a la gendarmería para enfrentar la protesta, donde se generó la mayor masacre campesina de la historia de Ayacucho. Los hacendados de Chapi también enfrentaron la indignación campesina generada por los abusos cometidos. El hacendado Añaños era, a inicios del siglo XX, percibido como un "gamonal" tradicional por su vinculación con el poder, al igual que Gonzalo Carrillo, propietario de la hacienda Chapi, quien acumulaba diversas denuncias por abusos y exacciones contra los campesinos dependientes de esa hacienda. En la inmensidad de esa propiedad, los colonos y peones debían contener sus reclamos amenazados por posibles castigos corporales y denuncias ante las lejanas autoridades.

En 1963, los campesinos dependientes de la hacienda se sublevaron ante el asesinato de un colono de Oronqoy, y condujeron preso al hacendado hasta Chungui, creyendo así encontrar justicia, pero quienes terminaron presos fueron los campesinos denunciantes. En septiembre de 1965, el ELN tomó la hacienda Chapi y fusiló, con el apoyo de los campesinos, al hacendado Gonzalo Carrillo Rocha y a su sobrino Miguel Carrillo Cazorla. El temor se trasladó esta vez a los hacendados propietarios, que abandonaron rápidamente la zona (Urrutia 2019):

> Ha bastado poco tiempo para expulsar al latifundismo de esos lugares. Muchos terratenientes han huido sin esperar a que lleguemos a ellos. Los trabajadores empiezan a darse cuenta de lo diferente que es vivir sin patrón. Todas nuestras acciones cuentan con su respaldo. Inolvidable el gesto de muchos que, al hablar a sus hermanos en su propio idioma decían alzando el fusil en sus manos recias y trabajadoras: "Hermanos, los gamonalistas se acabaron. ¡Esto es respeto!". (Béjar 1973: 118)

En Chungui, las haciendas abandonadas o vendidas se convirtieron en la década de 1970 en comunidades campesinas, como señala el *informe final* de la Comisión de la Verdad (CVR 2003). Así:

i. La hacienda Chapi se reconfiguró en la comunidad campesina de Chapi, luego nombrada Belén Chapi.
ii La hacienda Cunaywa devino en la comunidad de Tastabamba, con los anexos de Putucunay y Totora.
iii. La hacienda de Ninabamba se transformó en la comunidad de Ninabamba.
iv. La hacienda de Soccos se pasó a constituir en la comunidad de Soccos.
v. La hacienda de Sonccopa se convirtió en la comunidad de Sonccopa.
vi. La hacienda de Pallqas devino en la comunidad de Pallqas.

Por su parte, en el valle del Pampas se concentraron múltiples haciendas. Ccaccamarca, que en un principio fue de propiedad de los jesuitas y Occechipa, se encuentran entre las más antiguas. Se sumaron a ellas Pajonal, Ninabamba, La Colpa y Ayrabamba. En la segunda mitad del siglo XIX e inicios del XX, el cultivo principal de estas haciendas era la caña de azúcar, destinada a la producción de aguardiente.

El sistema de haciendas sufrió su golpe definitivo con la Reforma Agraria decretada por el gobierno militar de Velasco, acelerada posteriormente por la multitudinaria toma de tierras en la colindante provincia de Andahuaylas, como respuesta a la demora en la implementación de la Reforma en esa provincia. En efecto, cinco años después de la declaratoria de Reforma solo se habían adjudicado, en esa provincia, 4 haciendas sobre un total de 130 existentes.

La organización inicial en Andahuaylas estuvo integrada por cuatro organizaciones campesinas creadas por el Sinamos entre 1971 y 1972. No obstante, hasta 1974 los propietarios se mantuvieran en sus predios, descapitalizándolos a través de la venta de ganado o el retiro de maquinarias, acciones ya corrientes entre los hacendados en la década de 1960. Así lo afirma Guido Chati al explicar la muerte de 17 campesinos de Ongoy en 1963, en la protesta comunal contra la venta de tierras por el hacendado:

> [...] el hacendado Plácido Morote intensificó la venta de tierras a pesar de que la comunidad señalaba ser dueña de ellas. Los accionistas que compraban tierras eran mistis (del sector urbano), comuneros comerciantes y foráneos provenientes de ciudades. Sin embargo, un grupo de comuneros exyanaconas (exservidumbre de hacienda), junto a otros comuneros contrarios a la hacienda, seguían denuncias en la Corte Superior de Justicia sobre abusos, restitución de tierras, etc. Los comuneros exigían que el supuesto dueño (hacendado) exhibiese los títulos de posesión de todas las tierras en venta, ya que sostenían que los títulos originales de posesión de tierras los tenía la comunidad de Ongoy. (Chati 2015)

Una década después de la matanza de Ongoy, la recién creada Federación Provincial de Campesinos de la Provincia de Andahuaylas-FEPCA, esgrimiendo el argumento de la demora interesada en aplicar la Reforma Agraria de parte de los funcionarios responsables, organizó en 1974 la "toma" de más de 60 haciendas. De esta forma denunció que sus dueños estaban vendiendo máquinas, instrumentos de labranza y terrenos a diversos comerciantes y allegados (Chati 2015).

En conclusión, luego de la masiva toma de haciendas, la suscripción de las actas de Toxama y Huancahuacho entre la organización campesina y representantes oficiales del gobierno clausuró la historia de las haciendas tradicionales en la provincia, de manera

Cuadro 10
Población rural por provincias, departamento de Ayacucho, 1972-1993

PROVINCIA	1972		1981		1993	
	Rural	% rural	Rural	% rural	Rural	% rural
Huamanga	50.690	51,0	56.484	43,0	52.452	32,1
Cangallo	29.174	80,2	28.817	79,2	25.698	76,0
Huancasancos	7707	73,8	7973	73,9	5666	55,5
Huanta	54.047	82,7	60.346	81,8	38.923	60,3
La Mar	55.953	89,2	65.642	88,2	49.869	71,2
Lucanas	38.400	60,3	32.850	53,7	31.366	56,2
Parinacochas	17.231	68,2	15.865	63,4	12.588	55,3
Páucar	7894	70,6	5901	54,8	4906	48,4
Sucre	9354	59,3	8283	57,0	7019	55,6
Víctor Fajardo	9539	28,1	11.259	34,5	11.127	41,1
Vilcashuamán	26.915	80,8	26.284	80,6	16.119	72,3
Total Rural	306.904	67,1	319.704	63,5	255.733	51,9
Urbana	150.537	32,9	183.688	36,5	236.774	48,1

Fuente: INEI Censos nacionales.

que en 1977 la tierra estaba en manos de quienes participaron en el movimiento.

Las tomas de tierras de Andahuaylas en la primera mitad de la década de 1970 tuvieron impacto en Ayacucho y aceleraron de alguna manera el proceso de expropiación de fundos. Ello significó la organización de grupos campesinos beneficiarios, que supuestamente eran el preámbulo para la formación de cooperativas agrarias. Mas, como se verá luego, la opción unánime de todos los grupos fue, luego de algunos años de recibir la tierra, la de optar por el reconocimiento de los mismos como comunidad campesina.

Capítulo II
Las cifras regionales de la Reforma Agraria

> El camino real que llaman de Guainacaba, que es partiendo de Quito por la sierra para ir al Cuzco y Charcas, divide las poblaciones desta provincia, el cual entra por medio de la plaza desta ciudad (de Huamanga). Los indios que viven a la mano izquierda alcanzan buenas tierras, tienen chácaras de coca, algodón y de aji, de que pagan el tributo, y dello sostienen sus rescates y granjerías. Los que viven hacia la mano derecha, entre el camino real y la cordillera que está sobre los llanos, no tienen tales tierra; pero tienen despoblados y algunos ganados y aprovechanse de cazar lo bravo, de que se mantienen y visten y hacen cecina que llaman charque, y con ello tienen sus rescates y contrataciones con los otros. (De la Bandera 1881 [1557])

El modelo de Reforma Agraria propuesto por la ley ha sido objeto de múltiples análisis, investigaciones y tesis; al final de cuentas, la conclusión más aceptada remite a la inviabilidad de las formas asociativas obligatorias dictadas por la norma, fundamentalmente cooperativas, tanto de producción como de servicios. A una escala más amplia, la agrupación de cooperativas socias con comunidades explica el modelo fallido de las Sociedades Agrícolas de Interés Social-SAIS.

No se intenta hacer aquí un balance de los modelos; interesa presentar los datos cuantitativos de la aplicación de la Reforma Agraria en el departamento de Ayacucho y la evolución en años posteriores de los grupos e instituciones beneficiados. La entrega de tierras a grupos campesinos condujo, muy rápidamente, a la conversión de estos en comunidades campesinas, proceso que se explicará más adelante. Asimismo, el fracaso fue también rápido en las formas de organización propuestas, si bien en el departamento de Ayacucho apenas se crearon once cooperativas agrarias y una SAIS, todas desactivadas pocos años después de organizadas.

Con base en los registros existentes en la Dirección Regional Agraria, se puede señalar, en una primera tabulación de la información del amplio inventario existente, la intervención departamental hasta el año 1976 de 703 fundos. A estos se les expropió un total de 326.368 ha, las mismas que en el proceso de la Reforma Agraria fueron entregadas a cooperativas agrarias, grupos campesinos y comunidades indígenas, llamadas desde entonces comunidades campesinas, lo que benefició en total a cerca de 18.000 familias.

Se han agrupado las cifras en lo que se podría denominar tres subregiones: las provincias del norte, donde se concentra la mayor cantidad de predios y hectáreas intervenidas; las provincias del centro, donde la comunidad es la principal institución y, por ende, la intervención de los funcionarios de Reforma Agraria fue bastante limitada; y, por último, las provincias sureñas, básicamente ganaderas, donde hubo sin embargo alguna intervención de la Reforma Agraria en determinados distritos donde se concentraban predios agrícolas.

Cuadro 11

Reforma agraria: predios afectados y comunidades creadas, por provincias

	N.°	Predios y comunidades por provincias		Hectáreas			Comunidades campesinas		
				Adquirida	Adjudicada	Pendiente	Pre RA	Post RA	Total
NORTE	1	Huanta	169	81.952,57	75.935,36	7963,20	14	93	107
	2	La Mar	104	109.171,70	99.373,49	9727,66	7	54	61
	3	Huamanga	197	89.428,94	85.232,80	5545,49	27	140	167
CENTRO	4	Cangallo	2	3292,87	3292,87	0,00	20	39	59
	5	Vilcashuamán	5	880,73	862,03	18,70	39	18	57
	6	Víctor Fajardo	1	170	170,00	0,00	31	9	40
	7	Huancasancos	10	1780,76	862,03	28,35	8	0	8
SUR	8	Lucanas	42	25.876,76	19.977,63	4401,15	47	25	72
	9	Sucre	0,00	0,00	0,00	0,00	19	7	26
	10	Parinacochas	103	13.311,49	6885,45	6426,04	22	20	42
	11	Páucar del Sara Sara	70	502,25	413,09	89,16	13	8	21
		Total	703	326.368	293.005	33.363	247	413	660

Elaboración propia.

Cuadro 12
Porcentaje de predios afectados

		Predios (%)	ha (%)	Predios (%)	ha (%)
NORTE	Huanta	24	25	67	86
	La Mar	15	34		
	Huamanga	28	27		
CENTRO	Cangallo	0	1	2	2
	Vilcashuamán	1	0,3		
	Víctor Fajardo	0	0,10		
	Huancasancos	1	0,30		
SUR	Lucanas	6	8	31	12
	Sucre	0	0		
	Parinacochas	15	4		
	Páucar del Sara Sara	10	0,2		
		100	100	100	100

Elaboración propia.

El cuadro muestra con claridad la incidencia de la Reforma Agraria en las tres provincias norteñas: en Huanta se reúne el 25% de toda la tierra intervenida por la Reforma; en La Mar, el porcentaje es mayor (34%); y en Huamanga se constata la mayor cantidad de predios expropiados en todas las provincias (197), que representan 27% del total de tierra expropiada.

Cuadro 13
Hectáreas afectadas en zonas norte, centro y sur del departamento

	Predios	Hectáreas
Norte (Huanta, Huamanga, La Mar)	470	280.553,21
Centro (Cangallo, Vilcashuamán, V. Fajardo, Huancasancos)	18	6124,36
Sur (Lucanas, Sucre, Parinacochas, Páucar)	215	39.690,50
Total	703	326.368,07

Elaboración propia.

Gráfico 1
Hectáreas afectadas por subregiones

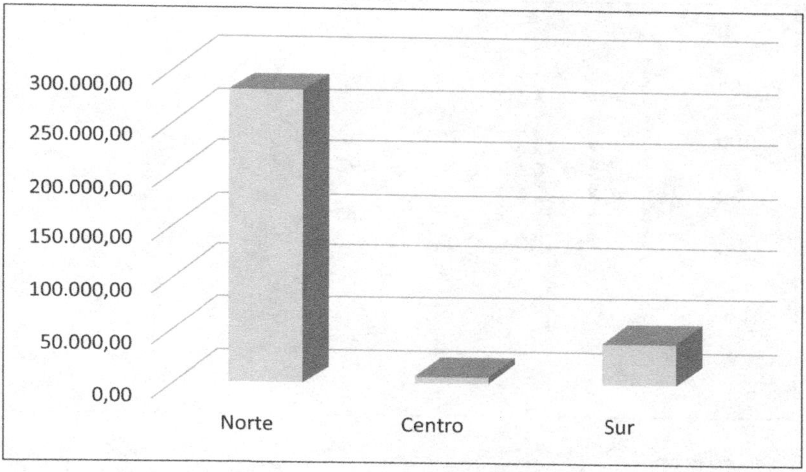

Elaboración propia.

En suma, las tres provincias norteñas reúnen el 86% de las tierras intervenidas por la Reforma Agraria, con el 67% de predios registrados en todo el departamento.

En la zona centro (Cangallo, Vilcashuamán, Víctor Fajardo y Huancasancos) son apenas 13 los fundos afectados (2% del total), con una extensión de 5234 ha (2% del total); mientras que en el sur se registran 215 predios (31% del total), con 31.677 ha (10%). La característica de esta constatación está en que, en la zona norte, las áreas expropiadas por la Reforma Agraria son más extensas, en un rango promedio entre 200 a más de 1000 ha; mientras que en la zona sur del departamento están en el rango promedio de 10 a 50 ha.

Gráfico 2
Número de predios expropiados

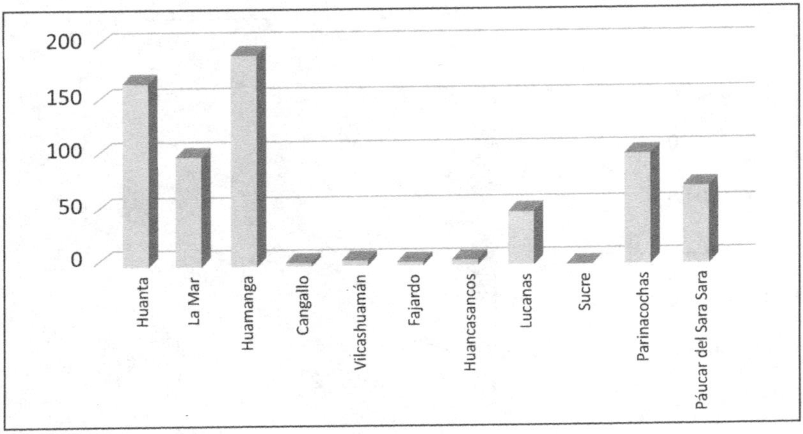

Elaboración propia.

Gráfico 3
Hectáreas expropiadas

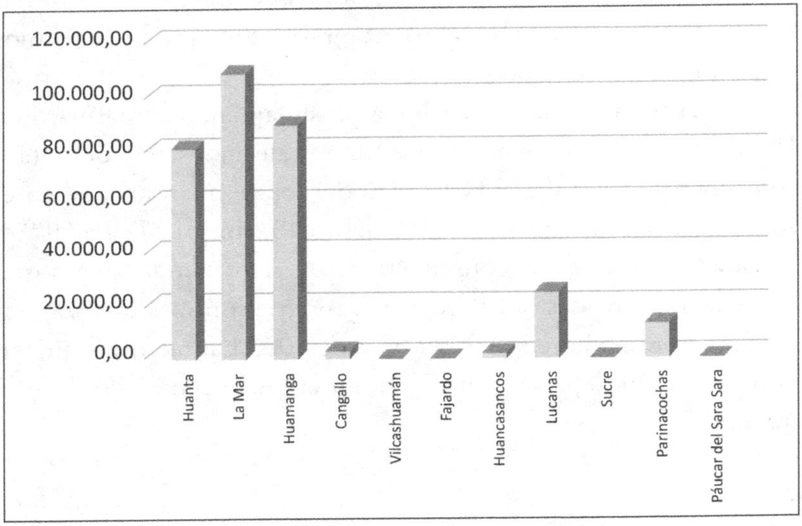

Elaboración propia.

No obstante, si se asignan cifras definidas a la afirmación sobre las diferencias entre el norte y el sur departamental, se debe aclarar, como se ha dicho anteriormente, que los documentos de la Dirección Regional de Agricultura hablan de "predios" afectados y expropiados, incluyendo en ese término a una gama de propiedades (haciendas/fundos) que, en las provincias del norte, involucraban desde los grandes latifundios de la quebrada de San Miguel o de las punas, hasta los pequeños fundos de los valles adyacentes a la ciudad de Ayacucho. Como se ha señalado en otro trabajo, en ese "mar de haciendas" norteño navegaban algunas de las comunidades más grandes de la región, convertidas con la República en capitales de distrito y fuentes de mano de obra... y de conflictos para la gran propiedad: Vinchos, Socos, Quinua, Huamanguilla.

Por el contrario, hacia el sur, desde las alturas de Pampa Cangallo hasta el Sarasara, eran las comunidades las que predominaban y los "predios" expropiados resultaron propiedades, como se ha dicho, de relativamente pequeña extensión (Urrutia et ál. 1988). Aunque los promedios ocultan matices diversos de los datos que se promediaron, en el cuadro 14 se puede ver la media de extensión de los predios afectados según cada provincia.

La amplia extensión de predios registrada en La Mar explica la mayor dimensión de las 104 haciendas expropiadas, que arrojan más de 1000 ha en promedio; mientras que Parinacochas, que tiene la misma cantidad de predios intervenidos (103), refleja un universo de propietarios de predios bastante menores pues disponen, en promedio, de 67 ha.

Cuadro 14
Hectáreas promedio de predios afectados según provincia

	Promedio de extensión de predios afectados (ha)
Huanta	496
Huamanga	454
La Mar	1049
Cangallo	1647
Vilcashuamán	176
Víctor Fajardo	170
Huancasancos	178
Lucanas	580
Parinacochas	67
Páucar	6
Promedio dptal.	458

Elaboración propia.

Zona Norte

Huanta

Como se puede observar en el cuadro 11, la Reforma Agraria expropió 169 predios en la provincia de Huanta, de los cuales el 67% (114 predios) estaba ubicado en dos distritos, Huanta y Santillana, que sumaba 49.500 ha, lo que representaba 65% del total de la tierra expropiada en la provincia. En estos dos distritos están incluidos los mayores predios del valle y las propiedades más extendidas de las punas.

Mapa 1[1]
Huanta

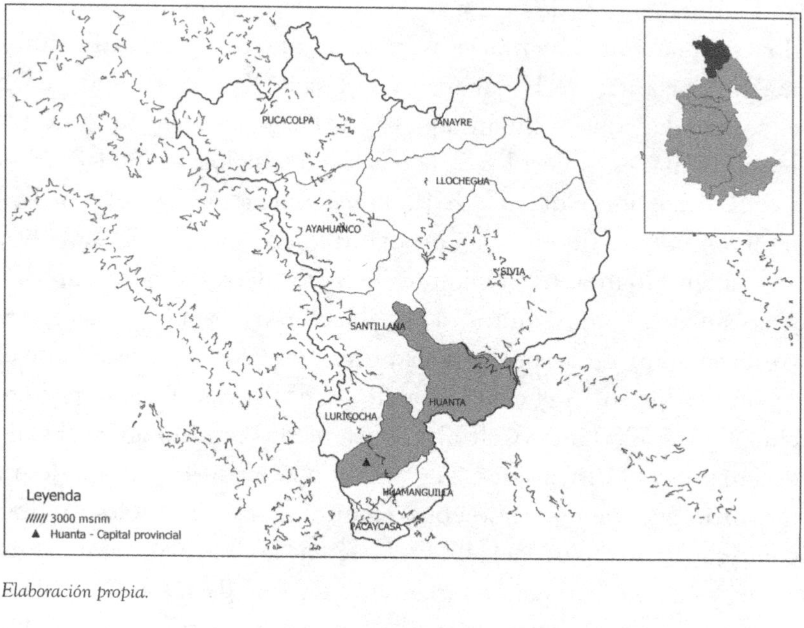

Elaboración propia.

1. Los autores agradecen a Oscar Madalengoitia por su apoyo en la realización de los mapas, en los cuales se resalta tanto el distrito con la mayor cantidad de ha afectadas como la cota de 3000 msnm.

El territorio provincial de Huanta puede dividirse esquemáticamente en tres espacios geográficos bien definidos, que representan también tres universos culturales producto del devenir histórico regional. En primer lugar, está el piso del valle, con tierras llanas y acceso parcial a agua de riego. Se trata de las mejores tierras, que realzan una particularidad local: al momento de la Reforma Agraria, la propiedad de la tierra en el valle estaba fundamentalmente en manos de pequeños y medianos propietarios, beneficiados de la crisis hacendaria en esta parte de la provincia en las décadas previas a la aplicación de la Reforma, que había generado la ventas parcelada de las grandes propiedades existentes desde siglos anteriores.

Nombrada como "Parija", "Azangaro" o "Azangaro de Huanta" en los documentos de inicios de la Colonia, el nombre fue derivando a simplemente Huanta, convertido en uno de los repartimientos más importantes de Huamanga en el siglo XVI, distribuido en 5 encomiendas, que incluían aquella de Diego Gavilán, uno de los hombres más enriquecidos de la región en el siglo XVI (Stern 1982).

Se mencionó que la división geográfica podía relacionarse también con las identificaciones culturales; puesto que, aún hoy en día, en Huanta, los habitantes mestizos del valle nombran despectivamente como "chutos" a la población indígena, asentada mayoritariamente en las punas de la provincia. Este es precisamente el segundo espacio en el cual se dividió la provincia: ubicado por encima de los 3000 metros de altura, y a medio camino entre el valle de Huanta y el distrito de Sivia, en el río Apurímac; se trata de un territorio que fue repartido entre comunidades y múltiples fundos, como señala José Coronel (1996). Luego de la Reforma Agraria, este espacio altoandino, mayoritariamente encima de los 3000 msnm, se convirtió en un espacio predominantemente comunero que había sido territorio privilegiado de las haciendas tradicionales. Las particulares características de la puna huantina fueron el centro de las noticias nacionales por el asesinato de un grupo de periodistas en la comunidad de Uchuraccay en 1983. Pero esa era la punta de un iceberg que registra más de 100 comuneros asesinados por Sendero Luminoso, hasta obligar a los restantes comuneros a huir de su territorio (Del Pino 1994).

El tercer espacio en la división geográfica provincial remite a la selva alta del río Apurímac. Si bien la Reforma Agraria casi no tuvo ninguna aplicación en las zonas selváticas, es evidente que la redistribución de tierras tanto en el valle como en las punas generó diversas secuelas en la vieja relación sierra-selva existente en Huanta.

La vinculación entre los espacios huantinos quedó demostrada plenamente cuando un grupo de caucheros, procedente de la región de Chanchamayo, incursionó en las riberas huantinas del río Apurímac en 1892:

> Señor Prefecto del Departamento. Por personas venidas de las montañas de Acon, tengo conocimiento de que el orden público, que fue trastornado en aquella región con motivo de la presencia de unos exploradores caucheros y de los que di cuenta a ud., se ha restablecido. Los informes que he recibido al respecto desmienten los anteriores pues se me ha asegurado que los citados exploradores no han sufrido desgracia alguna y que al ser acometidos por los residentes en la montaña se defendieron con armas de fuego, lo que dio por resultado la muerte de un indígena quedando herido otro, después de lo que se embarcaron con rumbo a Chanchamayo de donde procedían.
>
> La gente de las punas vecinas a las montañas teatro de los acontecimientos y que se colocaron en actitud alarmante se ha tranquilizado, y me es honroso manifestar a ud. que hoy se ha restablecido el orden público en toda la provincia de mi mando. Subprefecto Cavero. Septiembre 26 de 1892. (ARAy, SP Huanta, 1892)

Esta vinculación entre la selva cocalera del río Apurímac y la zona alta de Huanta está demostrada ampliamente, desde los estudios de Cecilia Méndez sobre los iquichanos alzados contra la república, hasta la investigación de Máxime Kuczynski Godard, *La vida bifronte de los campesinos ayacuchanos*, título definitorio para explicar el vaivén entre el valle de Huanta y los cultivos en las márgenes del río Apurímac. Nuria Sala, por su parte, ha investigado la evolución histórica de la ocupación paulatina de esta sección de la provincia de Huanta (Sala 2001).

Huanta también fue escenario de la derrota del movimiento independentista organizado desde el Cusco en 1814. En efecto, bajo el influjo de las ideas y el apoyo provenientes del sur del continente, se organizó en el Cusco lo que es considerado como el primer levantamiento propiamente independentista contra el régimen colonial. Los hermanos Angulo, promotores del movimiento, dividieron sus fuerzas bélicas en tres frentes: uno hacia Puno, en el sur; otro hacia Arequipa; y otro hacia el norte, con la intención de llegar incluso al valle del Mantaro.

La columna que, en 1814, se dirigió hacia el norte, tenía a su mando a uno de los Angulo y a José Gabriel Béjar, llamado "el santafesino", por ser originario de esa ciudad del Río de la Plata. Victoriosa en la ocupación de Huamanga, la columna se enfrentó en Huanta con la oposición de los propietarios de tierras y de las comunidades de las punas, que derrotaron a las tropas cusqueñas y las hicieron retroceder definitivamente. Quedaba así claro el antecedente de lo que ocurriría luego de la batalla en la pampa de Ayacucho, cuando la declaratoria de la república sería rechazada por los llamados "iquichanos", cuya revuelta contra el gobierno duraría, con intermitencias, hasta la década de 1830 (Eguiguren 2015 [1914]: 95).

Según Nelson Pereyra (2015), en el valle de Huanta, hacia 1869, aparecían registradas 831 pequeñas haciendas de criollos, mestizos e indígenas mayormente en la parte baja del valle, casi a orillas de los ríos Huarpa y Cachimayo (cfr. ARAy, Municipalidad, leg. 134, año 1869). La clasificación local consideraba tres tipos de propiedades: pagos, terrenos de mita y haciendas. Aun hoy, Huanta es la única provincia donde se utiliza el término de "pago" para designar un sector rural.

Ya se mencionó que, desde siglos anteriores, el gran negocio provincial era el cultivo de coca, como remarcaba el subprefecto provincial en 1874: "El principal comercio de la Provincia es la coca, que se cultiva en alguna abundancia en las montañas y se expende desde Acobamba hasta la ciudad de Huancayo donde tiene mucho consumo" (cfr. ARAy, Municipalidad, leg. 134, año 1869).

Los indígenas de las punas participaron activamente en los enfrentamientos entre el líder cacerista Miguel Lazón y su principal oponente, el liberal Feliciano Urbina. Así, el asesinato de Lazón en 1890 sería vengado pocos días después por "6000 indígenas" que bajaron a la ciudad y asesinaron a Urbina y sus partidarios.

Nuevamente movilizados contra el impuesto a la sal, "más de cuatro indígenas" descendieron en 1895 a la plaza de Huanta para rechazar este impuesto, y asesinar allí al subprefecto y alcalde provinciales, quienes buscaban negociar con los manifestantes. La represión del gobierno sería brutal y, según escritores locales, segó la vida de 400 personas —la mayoría considerada "cabecillas montoneros" vinculados al cacerismo—, además de destruir numerosas viviendas.

En el valle bajo de Huanta, las primeras décadas del siglo XX significaron la reiteración, durante por lo menos once años, de la invasión de langostas —*aqaruway* para los campesinos—, fenómeno que hasta el día de hoy se produce cada cierto tiempo. Para combatirlo, al igual que hace un siglo, se utiliza el pago de voluntarios que cobran su estipendio en relación con los insectos que acopian:

> La plaga de langostas ya en estado de voladoras tienen justamente alarmado al vecindario cuyo clamor hace llegar con frecuencia a este

> despacho por lo que suplico a Ud. se sirva mandar los fondos necesarios para combatirla, los que serán distribuidos a las comunidades que sean dedicadas a ese objeto, en propinas semanales, ofreciendo a la vez la compra al peso por un tanto prudente por cada quintal. La experiencia ha demostrado en todas las regiones del mundo amagadas por dicha plaga que esta es la forma mas practica y eficaz para extinguirla. (ARAy, Pref., SP Huanta, leg. 10, marzo 1901)

> Los que suscriben, autoridades y vecinos notable del distrito de Luricocha...decimos: que desde ahora diez años somos victimas del flagelo destructor de la plaga de langosta cuyas funestas consecuencias se han acentuado en mayor fuerza en el presente año, por la circunstancia de que en todo este valle el desove ha sido en mayores proporciones y hoy existen en estado de saltonas en una cantidad incalculable. (ARAy, Pref., SP Huanta, leg. 11, marzo 1908)

Estas solicitudes, de 1901 y 1908, se reiteraron año tras año, por lo menos hasta 1911, no solo en Huanta sino también en La Mar.

Sin embargo, complementariamente a esta plaga sostenida, lo más importante a señalar es que el valle de Huanta sería ocupado por haciendas que se subdividirán en el siglo XX por procesos de herencia y compraventa. Según José Coronel (1996), la crisis de las haciendas fue notoria desde la década de 1950, debido a "una serie de hipotecas, procesos de compra-venta, escasa producción y falta de crédito", a lo cual se podrían añadir las limitaciones en el abastecimiento de agua para irrigar propiedades amplias.

Un claro ejemplo de estas limitaciones en el funcionamiento se encuentra en la historia de la hacienda Cangari, una de las más importantes del valle:

> Adquirida en 1945 por un miembro de la prominente familia Trelles de Apurimac, las 150 Hás. muy bien regadas representaron para su nuevo propietario el pago de S/. 120,000 a los antiguos y parásitos

dueños. Trelles trasladó inclusive, sus propios colonos asalariados desde Abancay (alrededor de 90 peones), la hacienda recibió un préstamo del banco para sembrar frutales, además de incursionar en el cultivo de algodón, intento que fracasó. El endeudamiento paulatino del propietario le obliga a la venta progresiva de las tierras a los campesinos de la zona, como salida a sus deudas. (Luján 1981)

La tesis de Cipriano Luján presenta un cuadro resumen que muestra el cambio ocurrido en los veinte años durante los cuales esta propiedad intentó modernizarse pero terminó dividiéndose, transformándose del intento de un "propietario emprendedor" en múltiples propietarios independientes.

Cuadro 15
Colonos hacienda Cangari-Huanta, 1950-1970

Años	Colonos	Pequeños propietarios
1950	60	1
1960	30	10
1965	10	40
1970	5	46

Fuente: Luján 1981.

José Coronel señala, igualmente, que a inicios de la década de 1960 diversas manifestaciones campesinas reclamaron la eliminación de formas serviles de trabajo, así como la desaparición del pago de "hierbaje" que se cobraba a los campesinos por el derecho a pastar en tierras de la hacienda. Por su parte, los propietarios de predios en el valle se movilizaron también contra lo que consideraban un excesivo impuesto a los predios rústicos.

De hecho, las haciendas del valle habían perdido mucho de su valor, limitadas por diferentes razones (créditos, hipotecas, mano de obra, agua de regadío, sequías, plaga de langostas, etc.) en sus posibilidades de desarrollo. En plena Reforma Agraria, los técnicos encargados de aplicarla constataron que solo el 16% de las tierras de labranza del valle estaban cultivadas. Podría ser que la subvaloración de los técnicos fuera exagerada para reducir el pago a los propietarios expropiados, pero al margen de esta sospecha, tenía mucho de cierto asignar como valor apenas 19.634 soles (456 dólares) y 24.768 soles (576 dólares) respectivamente a Huanchacc o Iribamba, dos de las haciendas más tradicionales del valle.

La crisis de las haciendas en el valle y el piedemonte contiguo a este se contrapone al mantenimiento de las grandes propiedades en las zonas altas de la provincia. En las punas de Huanta, la primera mitad del siglo XX significó la expansión agresiva de la hacienda, que se apropió de territorio tradicional indígena por medio de argumentos legales que permitieron a los hacendados apropiarse de tierras "de realengo", es decir, tierras que no disponían de títulos (Del Pino 2017). Los hacendados de las punas fueron identificados, por los hacendados del valle y la población en general de esa parte de la provincia, como "chutos", es decir, similares a indios que dependían de ellos.

Está claro que, si las haciendas y fundos de la zona de valle requerían, como se vio con el ejemplo de Cangari, de inversión de capital de manera significativa, las haciendas en las punas basaban su producción en relaciones precapitalistas y convirtieron a sus dueños o arrendatarios en típicos rentistas dependientes de la articulación con la población indígena, absolutamente mayoritaria en esas zonas de puna. En la década de 1960, el malestar campesino se tradujo en expulsión de por lo menos 17 propietarios de haciendas en las punas.

Cuadro 16
Reforma Agraria provincia de Huanta: predios afectados y comunidades campesinas creadas, según distrito

N.°	Distrito	N.° de Predios	Adquirida	Adjudicada	Pendiente	Comunidades campesinas Pre RA	Comunidades campesinas Post RA	Comunidades campesinas Total
1	Huanta	65	29.080,73	23.429,53	5651,20	5	39	44
2	Huamanguilla	4	3598,92	3598,92	0,00	1	3	4
3	Iguain	12	4102,91	4162,91	0,00	0	4	4
4	Luricocha	26	11.045,40	10.622,34	2303,05	0	5	5
5	Santillana	49	26.088,47	26.080,72	7,75	0	32	32
6	Ayahuanco	6	5644,70	5644,70	0,00	8	7	15
7	Pacaycasa	7	2391,44	2396,24	1,20	0	3	3
	Subtotal provincial	169	81.952,57	75.935,36	7963,20	14	93	107

Fuente: A-DRAA.

Como se observa en el cuadro anterior, la Reforma Agraria expropió 114 predios (67% del total de predios expropiados en la provincia) en dos distritos, Huanta y Santillana, que sumaban 49.500 ha, lo cual representaba 65% del total de la tierra expropiada en Huanta. En estas dos provincias estaban incluidos los mayores predios del valle y las propiedades más extendidas de las punas.

Cuadro 17
Huanta: porcentaje de hectáreas, según distrito

	Hectáreas	%	Predios	%
Distritos Huanta y Santillana	55.169	67	114	67
Otros 5 distritos	26.783	33	55	33
Total	81.953	100	169	100

Fuente: A-DRAA.

Los predios de la puna eran, fundamentalmente, territorio de pastos, explotados mediante un generalizado sistema de trabajo de mano de obra indígena, típicamente precapitalista. De esas haciendas expropiadas en la puna se formaron grupos campesinos que buscaron desde el comienzo su conversión en comunidad campesina.

En el valle de Huanta se crearon 2 cooperativas agrarias, que reunían 22 predios expropiados (9 en la CAP Chirapa y 13 en la CAP Gervasio Santillana), con un total de 5799 ha, que beneficiaron a 304 familias campesinas. En resumen, cifras bastante menores a las de la vecina provincia de Huamanga.

Cuadro 18
Predios integrados a la CAP Chirapa Ltda. N.° 249

Distrito	Fundos	N.°	Hectáreas	Familias beneficiarias
Pacaycasa	La Vega	1	1164,34	154
	La Viñaca Lote A	1	64,23	
	Orcacitas Lote A	1	75,30	
	Orcacitas Lote C	1	302,68	
	Orcacitas Lote D	1	188,30	
	Huayllapampa II Lote A	1	194,37	
	La Viñaca Lote B	1	146,30	
	Huayllapampa II Lote B	1	388,50	
	Pongora	1	250,70	
Subtotal		9	2774,72	154

Fuente: A-DRAA.

Los propietarios de lotes de la original hacienda Orcasitas, al momento de la Reforma Agraria, eran los siguientes:

Cuadro 19
Partición propietarios de hacienda Orcasitas

Lote	Propietario	Hectáreas cultivadas
A	José Anchorena	75
B	Zona vendida	148
C	Máximo Morales	302
D	Mercedes Anchorena	186
	Total	711

Fuente: A-DRAA.

La otra CAP abarcaba mayor cantidad de predios, en un territorio ligeramente más extenso:

Cuadro 20
Predios integrados a la CAP Sinchi Roca Ltda. N.°194

Distrito	Fundos	N.°	Hectáreas	Familias beneficiarias
Huanta	Porvenir	1	162,55	
	Impao	1	25,33	
	Vado Grande	1	27,28	
	Quillas	1	142,74	
	Pampay II	1	393,83	
	Pampay I	1	190,54	
	Meccaira	1	644,63	150
	Ipchico	1	9,18	
	Huanchacc Grande	1	278,75	
	Churrupampa	1	853,35	
	Quinta Arturo	1	25,00	
	Coraceros	1	123,55	
	Iribamba	1	147,62	
Total		13	3024,34	150
Total Huanta		22	5799,06	304

Fuente: A-DRAA.

A lo largo del siglo XIX, merced a las normas que preservaron el derecho al mayorazgo, las haciendas se mantuvieron más o menos indivisas. El fraccionamiento se inició en las primeras décadas del siglo XX, cuando variaron las prácticas sucesorias, mientras aparecían interesados en comprar tierras.

Se ha hecho referencia a la fragmentación paulatina de las haciendas en la primera mitad del siglo XX. Un buen ejemplo son los predios que conformaron la CAP Chirapa; uno de ellos, la hacienda Pacaycasa, había sido dividida en cuatro partes en 1947. De igual modo, la hacienda de Wayllapampa, desprendida de Pacaycasa, fue a su vez subdividida por herencia entre ocho herederos en 1963. Igual suerte tuvo la hacienda Orcacitas (anteriormente denominada Pacaicasa), que se dividió en tres partes entre los herederos de Manuel Anchorena:

> Los propietarios, principalmente José y los herederos de Manuel, al no residir en la localidad, empiezan a vender las tierras a vecinos de Pacaicasa, produciéndose un proceso de fragmentación y de reducción en las haciendas. El lote "C" que correspondía a mi hermano Manuel Anchorena fue venda (sic) por sus herederos... a don Máximo Morales... en el año 1959. (Contreras 1982: 33)

Las características existentes de la realidad rural, a partir de las cuales se pretendió a través de la Reforma Agraria impulsar un sistema cooperativo de producción, resultaron un condicionante inmediato del fracaso. Como señalan diversas tesis presentadas en la UNSCH, el ausentismo del propietario, la producción variada en pequeña escala y de bajo rendimiento, la renta de la tierra a través del trabajo gratuito o del salario simbólico y el paternalismo en las relaciones limitaron el desarrollo del agro ayacuchano.

Mapa 2
Huamanga

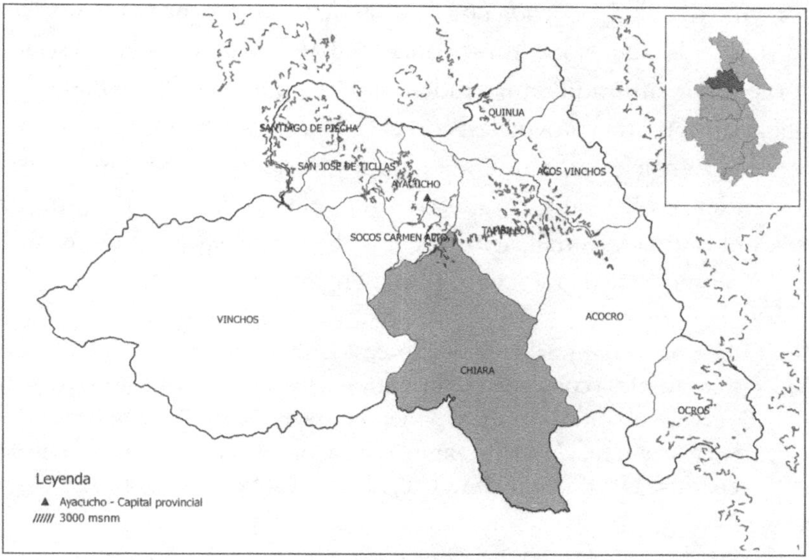

Elaboración propia.

> [...] por razón de ser todos los indios desta provincia mytimas. (Libro de Cabildo de Huamanga 1539-1547)

La principal particularidad del origen de la ciudad de San Juan de la Frontera de Huamanga es que se fundó en un territorio ocupado casi totalmente por mitimaes provenientes no solo del Cusco, sino de diversas regiones del Tahuantinsuyo. En la revisita a Vilcashuamán de 1734, Huertas identificó en esa zona: tanquiguas, pabres, condes, chilques, guandos, xauxas, guancas, yauyos, quichuas, quillas, aymaraes, guachos, canas, cañaris y quitos. Se deben sumar, además, mitimaes provenientes de grupos étnicos mayores que rodean la actual región central de Huamanga: Chocorbos, Lucanas, Angaraes y Chancas.

Se ha señalado anteriormente que antes de la aplicación de la Reforma Agraria se encontraban muy pocas comunidades en dicha provincia capital, ocupada por decenas de fundos, la mayoría de veces de reducida extensión. Ahí se concentraban los intereses de un sector propietario afincado en la ciudad de Huamanga, que se sostenía, al igual que en otras provincias, con el trabajo de yanaconas o colonos.

La oposición comunera a algunas haciendas colindantes para defender los linderos ante los intentos de usurpación dispone de ejemplos aislados en el siglo XIX, e incluso algunas propuestas radicales, como la registrada en Quinua en 1853:

> [...] proceso criminal contra el joven Mariano Florez por denominarse protector de la comunidad e incentivar a los indígenas a que no paguen los censos y contribuciones y a fuerza de pleito sacar libres las haciendas de Huacaurara, Catorara, Pampachacra, Sayhuapata y otras para luego repartirse entre ellos. (ARAy, CSJ, queja, leg. 896, años 1846-1869)

Quispe (2011) cita las propuestas del antropólogo Filomeno Peralta quien, en su tesis, sostiene que durante las décadas de 1950 y 1960, los procesos de desarticulación y quiebre del orden rural tradicional, implicaron "cierta ruptura entre campo y ciudad", condicionando aun más las limitaciones productivas de los predios.

Al estudiar el sistema latifundista en Huamanga, Gálvez y Cano señalan que, a partir de la década de 1940, tanto colonos de haciendas como comunidades colindantes con ellas aprovecharon la fragmentación de las propiedades, para adquirir por primera vez o ampliar sus predios en el caso de los colonos, quienes habían obtenido para ello suficiente capital, sobre todo por el comercio de ganado. Las comunidades se enmarcaron en el proceso de reivindicación de tierras usurpadas por haciendas, que se acentuó desde la década de 1960. La ocupación de la hacienda de Pomacocha, en el distrito de Concepción, en la provincia de Vilcashuamán, se convirtió en la región en el principal referente de movilización campesina por la tierra en el siglo XX; ello al lograrse la expropiación de esas tierras de propiedad de una orden religiosa para su venta a los colonos comuneros.

Se trató de predios con dimensiones bastante menores a las haciendas de La Mar y Huanta, pero que se sostenían al igual con yanaconas, caporales y mayordomos. La existencia de estas propiedades de dimensiones menores se puede explicar por el desmembramiento de grandes haciendas, acentuado desde la década de 1950, a través de los mecanismos de herencia, como de la compra de algunos sectores comerciantes y burócratas; a estos factores se suma el abandono de algunas tierras.

En el distrito de Acosvinchos se encuentra un ejemplo importante del desmembramiento de las haciendas a lo largo del siglo XX. Según Carrillo y Huamaní,

> [en] Acosvinchos y el pueblo de Huaychao. Los latifundios en referencia son 22 grandes propiedades siguientes: Sanya, Huamanpampa, La Colapa, Ayahuarco, Durasniyuq, Bellavista, Pampana, Urpay, Paucarpata, Matarilla, Qorimanya, Qanobamba, Huancarama, Huamanqocha, Ustuna, Uyhuas, Peraspampa, Pamparqui, Chacabamba, Aqchapa y Yanarumi. Estos son los nombres de los grandes latifundios provenientes de la época colonial, que a partir de 1860 por procesos de herencia y compra-venta se fraccionaron llegando en la actualidad a constituir 72 propiedades. (Carrillo y Huamaní 1975: 9)

Destaca Carrillo que, entre1920 y 1964:

> [...] se intensifican especialmente los casos de compra-venta los que unidos a las modalidades que asume la herencia y a nuevas formas de acceso a la tierra (arriendo), llevan a configurar la característica central de esta etapa: el proceso lento del fraccionamiento de la propiedad latifundista, pero sin modificar las relaciones serviles de producción. (Carrillo y Huamaní 1975: 56)

En el cuadro siguiente se constata que 22 propiedades "originales" derivaron en 73 predios por subdivisión:

Cuadro 21
Esquema de la evolución de la propiedad latifundista en Acosvinchos, 1860-1964

N.°	Nombre del fundo	Extensión (ha)	División a 1964
1	Aqchapa	206	5
2	Ayahuarco	2400	2
3	Bella vista	3180	2
4	Qarpuna		1
5	Qorimanya	468	4
6	Durasniyuq	23	1
7	Chacabamba	325	1
8	La Colpa	20.337	8
9	Huancaraama	3100	4
10	Huamanpampa	60	1
11	Huayhuas	284	9
12	Huamanqocha	2892	2
13	Paucarpata	1080	2
14	Qanobamba	2910	2
15	Matarilla	1060	5
16	Pampana		1
17	Peraspampa		1
18	Pamparqui		1
19	Ustuna		5
20	Sanya	216	12
21	Urpay	1375	3
22	Yanarumi		1
Total		39.916	73

Fuente: Carrillo y Huamaní 1975.

Carrillo y Huamaní (1975) afirman que el fraccionamiento de la gran hacienda generó la venta de diferentes partes de esta, pero también ocasionó el simple abandono de otros sectores. Al tener mayor acceso al aparato burocrático público en expansión, los descendientes de antiguos hacendados perdieron el interés por una ocupación menos rentable, como era la de explotar un predio rural y vivir de esa escueta renta.

El proceso de fraccionamiento de los fundos en Acosvinchos pudo, con seguridad, replicarse en todo el departamento.

El movimiento por recuperación de tierras de parte de las comunidades forma parte de una historia por escribirse, y parte de la verificación de que no fue precisamente la invasión violenta la característica principal sino, más bien, una lenta y sostenida "invasión-compra" de los territorios de haciendas tradicionales.

Ya se han señalado anteriormente las características de estancamiento de los hacendados tradicionales en Huamanga, pero la opinión de don Joaquín López Antay, el imaginero huamanguino, lo dice con humor:

> [Los vecinos principales de Huamanga]... guardan su plata enterrando. Ellos no hacen gasto para las fiestas, tanto terreno hay que aprovechar. ¡Qué van a sacar de la petaca o del entierro! (Arguedas 1985)

Ulpiano Quispe (2011) cita en su tesis la importancia de Antonio Cartolín entre aquellos que impulsaron la organización de los campesinos en el ámbito de la provincia de Huamanga en la década de 1960. Dirigente de la Federación de Comunidades y Campesinos de Ayacucho-FEDCCA, participó en varias tomas de tierras en las provincias de Huanta, La Mar, Huamanga, Cangallo y Andahuaylas. Detenido en agosto de 1964 por los sucesos de Ongoy que causaron la muerte de 26 campesinos, estuvo preso hasta 1969, año en que salió libre, amnistiado junto con Hugo Blanco por el gobierno del general Juan Velasco Alvarado, después de la promulgación de la Ley de Reforma Agraria 17716.

El acceso de las comunidades de indígenas de la provincia de Huamanga a tierras cocaleras en el Apurímac fue definido a lo largo del periodo colonial y se mantuvo vigente hasta la Reforma Agraria. Nuria Sala presentó el listado de comunidades indígenas de la provincia en posesión de tierras de montaña para 1961:

Cuadro 22
Comunidades indígenas con tierras en la zona de montaña del departamento de Ayacucho reconocidas oficialmente en 1961

Comunidad	Distrito	Provincia	Fecha de reconocimiento
Huascahura	Ayacucho	Huamanga	22/01/1937
Rancha	"	"	22/11/1935
Manallasac	Chiara	"	27/10/1956
Lurinsayacc y Anansayacc	Quinua	"	01/03/1940
San José de Ticllas	San José de Ticllas	"	20/08/1947
Atacocha	Santiago de Pischa	"	25/04/1957
Santiago de Colca	"	"	23/10/1956
Santiago de Pischa	"	"	14/07/1960
Opancca	Socos Vinchos	"	23/04/1946
Paccha	"	"	08/04/1957
Socos	"	"	09/04/1957
Vinchos	"	"	20/06/1955
Acocro	Tambillo	"	27/12/1945
Pampamarca	"	"	15/05/1945
Tambillo	"	"	12/01/1949
Guayacondo	"	"	13/09/1958
Niño Jesús de Ñeque	"	"	13/04/1959
Santa Bárbara	"	"	13/04/1959

Fuente: Sala 2001.

A continuación, se pueden observar los datos de la provincia de Huamanga, extraídos de los registros existentes en la Dirección Regional Agraria:

Cuadro 23
Reforma agraria provincia de Huamanga: predios afectados y comunidades campesinas creadas, según distrito

N.°	Distritos	N.° Predios	Adquirida	Adjudicada	Pendiente	Comunidades campesinas		
						Pre RA	Post RA	Total
1	Ayacucho	24	4628,92	4614,19	14,13	4	5	9
2	Acosvinchos	23	6056,76	6056,76	0,00	0	10	10
3	Carmen Alto	6	1954,72	1801,73	152,94	0	3	3
4	Chiara	22	16.099,48	15.024,90	1074,58	2	18	20
5	Quinua	6	1848,59	1843,94	4,65	1	3	4
6	Santiago de Pischa	7	2679,53	2624,80	54,73	4	3	7
7	Vinchos	17	12.871,90	12.195,15	676,75	3	25	28
8	Tambillo	25	7441,64	6883,24	558,40	4	17	21
9	Ticllas	4	1896,93	1626,53	270,40	1	5	6
10	SJ Bautista	5	232,58	232,58	0,00	0	0	0
11	Acocro	31	15.073,32	14.097,22	976,10	4	24	28
12	Socos	19	13.767,52	13.361,50	1756,02	2	18	20
13	Ocros	8	4877,05	4870,26	6,79	2	9	11
13	Total provincial	197	89.428,94	85.232,80	5545,49	27	140	167

Fuente: A-DRAA.

Se constata que la provincia de Huamanga registra la mayor cantidad de predios expropiados por la Reforma Agraria en todas las provincias del departamento.

Tres distritos destacan por la cantidad de predios expropiados y el territorio que estos comprenden: Chiara, Acocro y Socos, que reúnen 72 predios (37% del total provincial), suman el 50% de la tierra expropiada. Mayor presencia de fundos, pero de menor extensión, se suma en los distritos de Ayacucho, Acosvinchos, Tambillo y Vinchos.

Cuadro 24
Provincia de Huamanga. Porcentaje de hectáreas y predios, segun distrito

	Hectáreas	%	Predios	%
Chiara, Acocro, Socos	42.484	50	72	37
Ayacucho, Acosvinchos, Tambillo, Vinchos	29.749	35	89	45

Fuente: A-DRAA.

Cuadro 25
Huamanga: predios expropiados y comunidades campesinas, 1994

Nombre del distrito	Predios	Hectáreas adjudicadas	Comunidades campesinas
Acocro	31	14.097	24
Acosvinchos	23	6057	8
Ayacucho	24	4614	4
Carmen Alto	6	1802	
Chiara	22	15.025	20
Ocros	8	4870	8
			2
Quinua	6	1844	6
Ticllas	4	1627	2
SJ Bautista	5	233	
Pischa	7	2625	7
Socos	19	13.362	20
Tambillo	25	6883	11
Vinchos	17	12.195	27

Fuente: A-DRAA.

Como se podría esperar, la mayor cantidad de comunidades identificadas en el censo de 1994 se corresponden con la mayor cantidad de predios intervenidos en los distritos de Acocro, Chiara y Socos, donde los grupos campesinos se convirtieron en flamantes comunidades.

En Acocro, la importante hacienda Pajonal, que a fines del siglo XX perteneciera a la familia de Andrés A. Cáceres, fue el núcleo de la única e ilusoria Sociedad Agrícola de Interés Social- SAIS, que reunió con esta gran propiedad tres otros fundos de menor dimensión:

Cuadro 26
Predios integrados a la SAIS Huamanga Ltda. N.° 55

Distrito	Fundos	N.°	Hectáreas	Familias beneficiarias
Acocro	San José de Ninabamba	1	208,80	
	Locería	1		
	Cochas Alta	1	21,00	21
	Pajonal y anexos	1	1202,70	
Sub total		4	1432,50	21

Fuente: A-DRAA.

En el mismo distrito de Acocro, que tenía la mayor cantidad de predios expropiados, se creó la CAP San José de Parco, con base en una sola hacienda del mismo nombre:

Cuadro 27
Predios integrados a la CAP San José de Parco Ltda.

Distrito	Fundos	N.°	Hectáreas	Familias beneficiarias
Acocro	San José de Parco	1	1061,27	23
Subtotal		1	1061,27	23

Fuente: A-DRAA.

Por su parte, en el distrito de Ayacucho, 9 predios fueron unidos para crear la CAP Mariscal Cáceres N.° 148:

Cuadro 28
Predios integrados a la CAP Mariscal Cáceres Ltda. N.° 148

Distrito	Fundos	N.°	Hectáreas	Familias beneficiarias
Ayacucho	Totora	1	208,80	98
	Rumichaca	1	215,70	
	San Miguel de Ayacucho	1	120,46	
	Maizondo	1	186,91	
	Canónigo	1	51,97	
	Yanamilla	1	18,00	
	Viña chiquita	1	109,10	
	Santo Domingo	1	83,48	
	Santiago	1	23,70	
Subtotal		9	1018,12	98

Fuente: A-DRAA.

En Chiara se implementó la CAP Basilio Auqui, que tuvo a la hacienda de Chupas como su principal adjudicación:

Cuadro 29
Predios integrados a la CAP Basilio Auqui Ltda. N.° 270

Distrito	Fundos	N.°	Hectáreas	Familias beneficiarias
Chiara	Chupas	1	2495,53	201
	Paucho	1	1595,20	
	Pomayocc	1	127,62	
	Vellavista II	1	108,18	
Subtotal		16	4326,53	201

Fuente: A-DRAA.

En Vinchos, otro de los distritos con mayor presencia de predios expropiados, se formó la CAP más extensa de toda la provincia, denominada Los Libertadores N.° 269:

Cuadro 30
Predios integrados a la CAP Los Libertadores Ltda. N.° 269

Distrito	Fundos	N.°	Hectáreas	Familias beneficiarias
Vinchos	Millpo	1	5539,33	263
	Angasmayo	1	1042,52	
	Casacancha I	1	50,72	
	Casacancha II	1	575,29	
	Yaruca Ingahuasi	1	1778,75	
	Totorabamba	1	1253,18	
	Ingahuasi	1	4842,49	
	Accomachay	1	186,60	
	Mayobamba I	1	84,60	
	Putacca	1	1330,31	
Subtotal		10	16.683,79	263

Fuente: A-DRAA.

15 predios, de menor dimensión que los anteriormente citados, se reunieron en la CAP Sinchi Roca, en el distrito de Socos:

Cuadro 31
Predios integrados a la CAP Sinchi Roca Ltda. N.° 194

Distrito	Fundos	N.°	Hectáreas	Familias beneficiarias
	Luyanta	1	515,45	
	Samana	1	280,94	
	Yanayacu	1	649,39	
	Sapsi	1	101,55	
	Santa Rosa de Cochabamba	1	150,33	
	Chacapuquio	1	378,40	
	Moyapata	1	10,34	
Socos	San José de Cedro	1	230,44	468
	San Lorenzo de C.	1	114,57	
	Acraybamba	1	226,11	
	Mauca Llaccta	1	392,17	
	Accoylla	1	122,92	
	San Rafael	1	467,35	
	Acco Capillapata	1	373,46	
	Santa Lucía	1	123,80	
Subtotal		15	4137,21	468

Fuente: A-DRAA.

Por último, en el distrito de Acosvinchos, dos predios sustentaron la creación de la CAP Ascensión Señor de Urpay:

Cuadro 32
Predios integrados a la CAP Ascensión Señor de Urpay Ltda.

Distrito	Fundos	N.°	Hectáreas	Familias beneficiarias
Acosvinchos	Urpay I	1	1061,27	112
	Urpay II	1	531,41	
Subtotal		2	1592,68	112

Fuente: A-DRAA.

En total, estas empresas agrupaban 57 predios con una extensión de 30.252 ha. Todas tuvieron el mismo fin, luego de ensayar vanamente sistemas de administración acordes con la explotación de las tierras. Es posible imaginar cuán extraño y difícil sería para un campesino indígena tratar de poner en marcha la CAP. Al cabo de pocos años, el desencanto era total y la opción de gestionar el reconocimiento de una comunidad campesina, en reemplazo del grupo campesino y la CAP, se convirtió en la única alternativa.

Mapa 3
La Mar

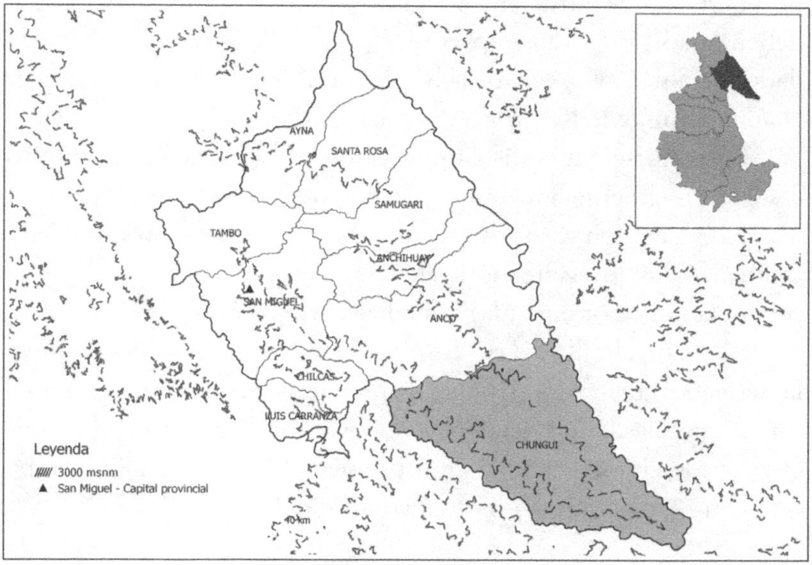

Elaboración propia.

La Mar es un buen ejemplo de la contradicción rural en el departamento: las mayores y mejores haciendas (aquí sí cabe el nombre), ubicadas a lo largo del cauce del río Torobamba, colindan con un territorio de comunidades indígenas muy grandes y antiguas, que manejan recursos en múltiples pisos ecológicos, desde el valle del Pampas hasta la selva del río Apurímac, pasando por los amplios espacios de altura. Vinculadas de manera a veces muy conflictiva, estas dos formas de propiedad de la tierra no se podrían entender una sin otra.

Martha Rodríguez (2005) realizó un importante trabajo de investigación sobre la provincia de La Mar, del cual se pueden extraer algunas conclusiones. La autora señala, para el periodo precedente a la aplicación de la Reforma Agraria, la evolución de la tenencia en el territorio provincial en dos espacios diferenciados: el norte, basado en el pueblo de Tambo; y el sur, alrededor de la capital provincial San Miguel y a lo largo del valle del Torobamba. A la división propuesta por Rodríguez entre norte-Tambo y sur-Torobamba, se deben añadir otros dos espacios cruciales: Chungui y sus comunidades de altura, y la ceja de selva del río Apurímac, no incluida en la aplicación de la Reforma Agraria.

En el norte, en el distrito de Tambo, es posible constatar procesos de fragmentación tanto por herencia como por compraventa. Incluso existen casos de trueque de propiedades, en un espacio donde la falta de legalización suficiente permite la superposición de propiedades y, por ende, las querellas entre propietarios.

En el sur, el valle del río Torobamba hasta su desembocadura en la margen izquierda del Pampas, representa uno de los escasos territorios agrícolas llanos del departamento, con riego adecuado. Todo el valle fue el asiento de la gran propiedad jesuita de Ninabamba, que se mantuvo indivisa hasta mediados del siglo XIX.

> Desde inicios del siglo XVII hasta su expulsión en 1767, los jesuitas lograron configurar en la zona lo que los autores llaman "un emporio", que resume la adquisición y utilización de tierras en diferentes ámbitos ecológicos, desde el piso del valle hasta la vertiente cocalera del rio Apurímac, pasando por dehesas de pastoreo en las zonas altoandinas. A esta producción agrícola, el "emporio" agregaba un obraje y actividades complementarias. (Loayza y Muñinco 1982)

Según la Memoria del subprefecto de 1874, existían 8 haciendas en San Miguel, entre las cuales una –Ninabamba– estaba dedicada a la caña, valorizada en 80.000 soles; mientras que, en Tambo, 6 haciendas de panllevar valían 15.000 soles. En Anco, el mismo informe señalaba la existencia de una nueva hacienda cañaveral: Sarabamba, estimada en 4000 soles; y otras tres haciendas de panllevar que valían 5000 soles. En Chungui señalaba la existencia de 3 haciendas cañaverales, con un valor de 6000 soles.

Como se observa en el recuento anterior, instalar cañaverales resultaba una de las más importantes inversiones de los propietarios de haciendas, pues la demanda de azúcares y, sobre todo, aguardiente, era importante. Los litigios de comunidades contra cañaverales se registran desde la época colonial, como es el caso de la comunidad de Rapi, perteneciente al partido de Anco, que en 1806 promovió un litigio contra el subdelegado de la zona por despojo de tierras de parte de una hacienda cañaveral (AGN, Derecho indígena C649, año 1806).

Las mejores tierras del fértil valle del Torobamba ocupadas por la hacienda de Ninabamba, fueron, desde un laudo arbitral de herederos suscrito en 1891, divididas en cuatro partes, lo que zanjó los litigios entre los descendientes del propietario original:

- Patibamba (dividida en Patibamba, Patibamba Lote 1, San Juan Pampa, Flor de Patibamba);
- Misquibamba (repartida en 1936 y dividida en cinco lotes entre hermanos herederos);
- Ninabamba, conocida también como Churrubamba; y
- Magnupama, única propiedad no repartida.

Estas grandes haciendas, a pesar de los diferendos entre sus familiares propietarios, casi no sufrieron modificaciones en su propiedad a lo largo del siglo XX; mientras que, en el resto de la provincia y del departamento, los litigios por herencia de propiedades existieron prácticamente desde la gestación de las grandes propiedades. Basta un ejemplo de la misma provincia, de 1835, en el que hijos y nietos de un fallecido propietario pidieron que se repartiera en partes iguales la hacienda Cochas, sita en la doctrina de San Miguel, partido de Huanta, dejada por su abuelo:

> Porque la mencionada finca hace mas de diez y seis años Pablo Guerra hijo del legítimo propietario disfruta el solo en perjuicio de los demás herederos (El juicio continua porque Pablo Guerra no acepta que su hacienda sea repartida). (ARAy, Juez de 1ra. Instancia, Civ., leg. 12, año 1835)

En las zonas de mediana altura, entre el valle y las alturas de Anco y Chungui, se encontraban también diversos fundos y medianas haciendas dedicadas a la producción de panllevar. Por su parte, la población indígena tenía acceso libre a la yunga del Apurímac:

> Jesus Aguilar indigena de 18 a 20 años de edad es habitante en la hacienda vecina del distrito de Anco y operario de las montañas, los padres tienen como todos los demás indios de esa región pequeños terrenos en la ceja de la montaña. (Pref., Of. Rec., SP La Mar, leg. 23, años 1902-1914, ARAy)

Pero no solo el trabajo gratuito era motivo de repulsa. La intención de restituir el tributo indígena, disfrazado de "contribución" para cubrir necesidades financieras en medio de la crisis generada por la derrota en la guerra contra Chile, originó la advertencia del subprefecto de La Mar, en 1887:

> Verdaderamente Señor Prefecto, la ley de descentralización fiscal tan benéfica en sus miras, ofrece serios contratiempos en la práctica

> aunque solo lo que respecta a la contribución personal, la mayor parte de los pueblos de la república manifiestan un desagrado de próximas e inmediatas trascendencias perturbadoras. Tan cierto es esto que no han sido parte a la completa ejecución del cobro ni el fino tacto de los mandatarios ni las sagaces amonestaciones de personas verdaderamente influyentes en las masas populares. Estoy dispuesto a iniciar el empadronamiento, siempre que se me preste auxilio de la fuerza pública, para evitar el movimiento popular. (ARAy, Pref., of. Rec, SP La Mar, leg. 22, años 1873-1899)

El subprefecto manifestaba que, en la provincia, no se cobraba la contribución personal por la deficiencia de medios de acción para someter a la provincia al régimen tributario establecido por la ley, que para la realización de ella había "resistencia porque se valen de caudillos de los distintos pueblos que organizan turbas" (ARAy, Pref., of. Rec, SP La Mar, leg. 22, años 1873-1899).

Luego, el subprefecto remarcaba que:

> [...] por ahora creo imposible, al menos muy difícil, implementar en esta provincia el sistema de contribuciones a causa del estado de desmoralización en que se encuentran estos pueblos, que han concebido la idea de rechazar la actuación de las matrículas porque los huantinos con quienes tienen comercio les ha hecho comprender que están exentos de sobrellevar las cargas del estado, por ser libres. Los indígenas no quieren reconocer las obligaciones sociales del ciudadano, no sienten las gratas imposiciones del patriotismo y conservan siempre un odio implacable a todo impuesto fiscal. (ARAy, Pref., of. Rec, SP La Mar, leg. 22, años 1873-1899)

Como se puede ver, desde fines del siglo XIX, el valle de San Miguel y su entorno indígena serían testigos de importantes movimientos sociales, no solo contra el régimen de haciendas existente sino, sobre todo, contra medidas del Estado que generaban la violenta protesta indígena. La derrota del presidente Cáceres luego de una cruenta guerra civil, fue también un detonante que movilizó a sus aliados contra las nuevas autoridades. Lo dijo con claridad el subprefecto de La Mar en oficio de agosto de 1895:

> Ayer recibi la solicitud de los tres jefes de los indios que amotinados asedian en las alturas de esta población [...] (Los amotinados piden la destitución de autoridades y el subprefecto ofrece oficiar al Prefecto para ello) [...] Luego que recibieron mi contestación hicieron un desfile en la altura que ocupan y aprecio el número en sesenta o setenta hombres pero pocos con armas [...] Me dicen que han mandado por refuerzo a Huanta [...] y que se sublevasen para hacer resistencia a mano armada puesto que el General Cáceres, a quien vivaban, estaba próximo a llegar con 60.000 [sic] hombres para apoyarles y otros adefesios tendientes al desconocimiento el actual Jefe Supremo del Estado y sustracción de la obediencia debida a las autoridades legalmente constituidas. (ARAy, Pref., of. Recib., SP La Mar, leg. 22, años 1873-1899)

El subprefecto culpaba a uno de los principales hacendados del valle de ser el instigador de la protesta indígena:

> Federico Añaños es un hombre vago que cuando se embriaga no respeta a nadie y últimamente hizo creer a los indígenas amotinados que no deberían rendirse porque el General Cáceres ocupaba el departamento con fuerzas respetables. (ARAy, Pref., of. Recib. La Mar, leg. 22, años 1878-1899)

A fines del siglo XIX, el trabajo gratuito de campesinos era común en las haciendas existentes en la provincia, lo que generaba múltiples protestas, incluso de las autoridades:

> He transcrito a las autoridades civiles y eclesiásticas de la Provincia el tenor de su respetable oficio de 24 del mes pasado, transcripción de otro de la Dirección General de Gobierno, relativo a la extinción de

> los abusos que aquellas autoridades cometen exigiendo, contra el tenor expreso del Decreto supremo de 10 de julio último, servicios gratuitos de los indígenas bajo los nombres de semaneros, fiscales, pongos, mitas, etc. (Pref., of Recib., SP La Mar, leg. 22, años 1878-1899)

Pero el más importante movimiento indígena sucedió en 1923, en respuesta a la intención gubernamental de aumentar los impuestos a la sal y la coca, vitales en las economías campesinas; las "montoneras" de Anco, Chungui y Chilcas llegaron hasta la hacienda de Patibamba, de la familia Añaños, e incendiaron la casa hacienda. Como respuesta de la gendarmería, se calcula que murieron más de 300 campesinos (Loayza y Muñinco 1982).

Ayacucho fue declarada zona de Reforma Agraria el 18 de febrero de 1970, pero la afectación de esta en La Mar tomó cinco años para dar el primer paso, entre 1970 (año en el que se declaró Ayacucho como zona afecta de la Reforma) y 1975. Técnicos e ingenieros estuvieron abocados a ubicar los fundos y haciendas, estudiar el régimen legal de propiedad (en muchos casos, existía superposición de propietarios o propiedades no esclarecidas), ubicar a los propietarios (en algunos casos, existían las unidades agropecuarias sin propietario conocido), ver la delimitación territorial de la propiedad (no existían propiedades antes declaradas), etc. El trabajo de reconstrucción de la propiedad para llevar adelante el proceso de afectación y valorización fue arduo y largo.

En Chungui, las haciendas semiabandonadas o vendidas se convirtieron, en la década de 1970, en comunidades campesinas:

i. La hacienda Chapi pasó a ser la comunidad campesina de Chapi, luego nombrada Belén Chapi.
ii. La hacienda Cunaywa devino en la comunidad de Tastabamba, con los anexos de Putucunay y Totora.

iii. La hacienda de Ninabamba se transformó en la comunidad de Ninabamba, con sus anexos de Mollebamba y Santa Carmen.
iv. La hacienda de Soccos se convirtió en la comunidad de Soccos.
v. La hacienda de Sonccopa es ahora la comunidad de Sonccopa.
vi. La hacienda de Pallqas constituyó la comunidad de Pallqas.

Cuadro 33
Reforma Agraria provincia de La Mar: predios afectados y comunidades campesinas creadas, según distrito

N.°	Distrito	N.° de predios	Adquirida	Adjudicada	Pendiente	Comunidades campesinas		
						Pre RA	Post RA	Total
1	San Miguel	50	39.025,74	30.764,93	8190,26	0	27	27
2	Anco	8	3813,75	3813,75	0,00	4	1	5
3	Ayna	3	68,00	17,00	51,00	0	0	0
4	Chilcas	1	3706,20	3706,20	0,00	0	3	3
5	Chungui	7	51.332,11	51.332,11	0,00	1	9	10
6	Tambo	34	11.076,50	9590,10	1486,40	1	14	15
7	Luis Carranza	1	149,40	149,40	0,00	1	0	1
28	Subtotal distrital	104	109.171,70	99.373,49	9727,66	7	54	61

Fuente: A-DRAA.

En el distrito de San Miguel, los predios expropiados representan el 48% del total provincial, sumando el 31% de las tierras adjudicadas por la Reforma Agraria.

Cuadro 34
Distritos con mayor porcentaje de hectáreas afectadas

	Predios	%	Hectáreas	%
San Miguel	50	48	30.765	31
Chungui	7	7	51.332	52
Total	57	-	99.373	-

Fuente: A-DRAA.

Chungui resulta un caso particular, pues 7 predios (7% del total provincial) representan más de la mitad (52%) del territorio afectado por la Reforma.

Cuadro 35
Predios afectados, distrito Chungui

Predio	Hectáreas
Chapi	33.911
Moyocc	7207
Sarabamba	251
Socos S. Luis	1226
Sonccopa	1447
Totora	5943
Vista Alegre	1348

Fuente: A-DRAA.

Este alto porcentaje se explica por la inmensa hacienda de Chapi, la mayor entre todos los predios expropiados en el departamento: ¡más de 33.000 ha! Los métodos bastante abusivos de parte de su propietario lo enfrentaron en la década de 1960 a los colonos, que sostenían la producción de esta hacienda desde los lindes del río Apurímac hasta las alturas. En 1965, un destacamento de la guerrilla del ELN apresó y fusiló al propietario y su sobrino, lo que generó el retiro masivo de los hacendados de la provincia (Béjar 1973).

La Cooperativa Agraria Virgen de Fátima se creó sobre parte de los terrenos de la exhacienda Magnupampa, con 70 beneficiarios. Esta cooperativa fue la que tuvo más dificultades, por cuanto los propios feudatarios se oponían a su funcionamiento y optaron, en la práctica, por el trabajo parcelario. Aunque la propiedad era común, muchos de ellos prefirieron continuar en la relación con la hija mayor del que fuera el propietario. Adicionalmente, uno de los herederos, en representación de los hermanos, continuó una larga batalla legal para ser considerado posesionario de una parte significativa de las tierras.

La Cooperativa Agraria María Parado de Bellido N.° 314, se formó en las tierras que fueron de la hacienda Patibamba, con 35 familias de socios beneficiarios. Fue, de alguna manera, la cooperativa que más tiempo funcionó; por ello, luego resultó la más duramente atacada por Sendero Luminoso.

Cuadro 36
Predios integrados a la CAP María Parado de Bellido

Distrito	Fundos	N.°	Hectáreas
San Miguel	Incaraccay norte	1	191,84
	Patibamba Lote 3	1	17,1
	San Juan Pampa	1	65,8
	Flor de Patibamba	1	338,88
	La Colpa	1	187,3
	San Francisco de Patibamba	1	25,34
	Subtotal	6	826,26

Fuente: A-DRAA.

La Cooperativa Agraria San Martín de Porres Ltda. N.° 2-4-X, creada en 1975 con base en los predios Misquibamba Lote 2 y Misquibamba Lote 1, con una superficie de 245,55 ha, tuvo su título de propiedad en 1982. En ese año, el Estado condonó la deuda de esta CAP por el saldo de adjudicación de 257 ha de los predios Misquibamba Lote 3, Misquibamba Lote 2 y Misquibamba Lote 5, que incluía el ganado existente en el lote 2. Tenía una población beneficiaria de 39 campesinos.

Cuadro 37
Predios integrados a la CAP San Martín de Porres Ltda. N.° 2-4-X

Distrito	Fundos	N.°	Hectáreas	Familias beneficiarias
San Miguel	Misquibamba Lote 3	1	195,60	39
	San Pedro de Misquibamba Lote 6	1	179,30	
	Misquibamba Lote 2	1	62,61	
	Misquibamba Lote 5	1	21,27	
	Misquibamba Lote 1	1	53,30	
Subtotal		5	512,08	39

Fuente: A-DRAA.

La Cooperativa Agraria Virgen del Carmen Ltda. N.° 15, sobre la base de lo que fuera la hacienda Ninabamba y los anexos Ccochas y Pichuspampa, disponía de un área total de 1660,20 ha.

Cuadro 38
Predios integrados a la CAP Virgen del Carmen Ltda. N.° 15

Distrito	Fundos	N.°	Hectáreas	Familias beneficiarias
San Miguel	S. Nicolás de Ninabamba y anexos	1	247,09	25
	Cochas	1	326,35	
	Pichus	1	20,02	
	Cochas anexo de S. N. de Ninabamba	1	694,24	
	Suyllullo	1	372,50	
Subtotal		5	1660,20	25
Total La Mar		16	2998,54	103

Fuente: A-DRAA.

Zona Centro

Mapa 4
Cangallo-Vilcashuamán

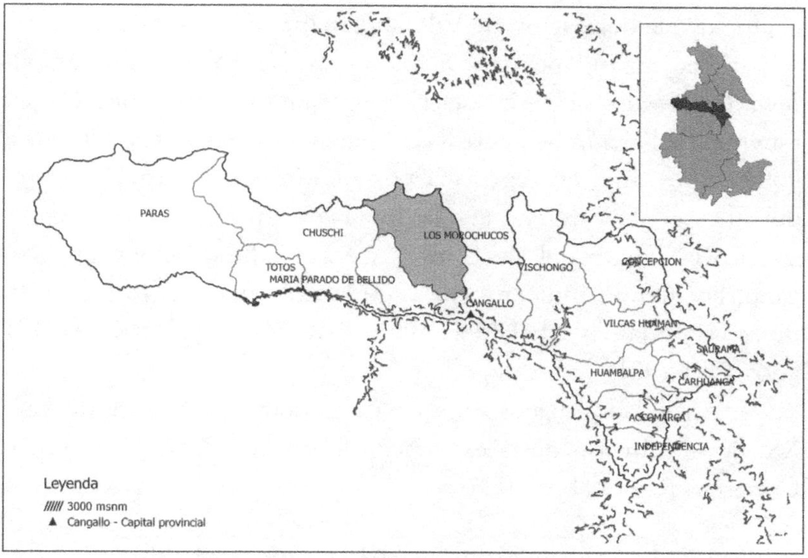

Elaboración propia.

Las provincias de Cangallo, Vilcashuamán, Víctor Fajardo y Huancasancos constituyen un espacio comunero donde la incidencia de la Reforma Agraria fue bastante menor en comparación con las tres provincias norteñas, exceptuando un par de grandes haciendas ubicadas en el distrito de Concepción, en el piedemonte que desciende hacia el río Pampas. En consecuencia, la historia de estas provincias es básicamente una historia de procesos de cambio de los núcleos indígenas y haciendas originales a las comunidades campesinas actuales; pero es parece pertinente, para disponer de una visión regional, incluir alguna información sobre estos procesos.

Las idas y vueltas de la historia nombraron originalmente como Vilcashuamán al corregimiento que tenía su sede en ese pueblo, que había sido el principal centro administrativo del territorio que se convertiría luego en la región de Huamanga. Luego, la intendencia incluyó la delegación de Vilcashuamán.

Al llegar la independencia, se nombró *Heroica Provincia de Santa Rosa de Cangallo* a la circunscripción recién creada, en homenaje a este pueblo bastión de guerrillas independentistas y arrasado por el gobierno español en represalia por su activismo contra las tropas del aún vigente virreinato, en la década de 1820.

En la cuenca del río Pampas y en el valle de Huancapi-Cangallo, las fuentes indican para 1900 la existencia de 48 haciendas ubicadas en la parte baja del valle (ARAy, Municipalidad, leg. 131, años 1891-1901).

La sociedad indígena se resistía a aceptar, a comienzos del siglo XX, la prohibición de la existencia de varayos, establecida por el Congreso Regional de 1922:

> La ley 479 del Congreso Regional del Centro que ha abolido el nombramiento de "Alcaldes de vara" o "Varayos" ha sido publicada debidamente en esta provincia [...] A pesar de esto el 1 de Enero del año en curso [...] las comunidades de indígenas de esta provincia han elegido a sus "varayos" [...] declarando que es explicable aunque infractorio [sic] de la ley. En villas, villorios y pueblos donde las autoridades no disponen de fuerza publica; en caseríos, estancias y pagos apartados donde no existen autoridades, los "Varayos" suplen a la policía y a las autoridades, velando por el orden público, la libertad y la seguridad personal. (ARAy, Pref., of. Recib., SP Cangallo, leg. 16, años 1887-1899)

En el imaginario regional e incluso nacional, los "morochucos", originalmente habitantes de Pampa Cangallo, representaban la imagen ideal del indígena levantisco:

> Está en el dominio de nuestra historia nacional que los pueblos de Pampa Cangallo, Urihuana, Incaraccay, Accomayo, Pantin, Tanquihua y Putica... conocidos con el nombre genérico de "morochucos" desde la época del coloniaje, se han distinguido por su espíritu levantisco y subversivo. Ellos no reconocen más leyes ni más autoridad que la fuerza bruta [...] La impunidad de los hechos de sangre que cometieron en acción tumultuaria, entre los que figuran los asesinatos del Comisario Cirilo Media y de los caudillos políticos Bedoya, Sanes y otros [...]. (Pref., of. Recib., SP Cangallo, leg. 16, año 1922)

La comunicación anterior del subprefecto se originó en la oposición rotunda de los "morochucos" a la ley del "registro de marcas de ganado", a la contribución personal y a la conscripción vial, conforme consta en un oficio dirigido al gobernador de Chuschi que se transcribe literalmente, respetando las características del redactor quechuahablante:

> Pampa Cangallo. Noviembre 22 de 1922
> Al Señor Gobernador del distrito de Chuschi
>
> Tengo la alerta [sic] de dirigirle el presente suplicándole atencion de ud. para que nos comuniquemos. Nos exige los contribuentes [sic] después de sabremos [¿?] del señor gobierno, nunca han costumbrado estos contribuyentes y contestame que será pronto para su gobierno. Juan de dios Alarcon Coronel (sic).

La provincia de Vilcashuamán sería creada en 1984, fraccionando lo que fuera la provincia de Cangallo al momento de la Reforma Agraria. Si se unen estas dos provincias actuales, se constata que la Reforma Agraria solo expropió 7 predios en total, 2 en el distrito de Los Morochucos, 1 en Vischongo y 4 en Concepción.

Cuadro 39
Reforma Agraria en la provincia de Cangallo: predios afectados y comunidades campesinas creadas, según distrito

N.°	Distritos	N.° de predios	Hectáreas		Comunidades campesinas		
					Pre RA	Post RA	Total
1	Los Morochucos	2	3292,87	3292,87	0	18	18
2	Cangallo				12	5	17
3	Chuschi				4	1	5
4	María Parado				2	1	3
5	Paras				2	9	11
6	Totos					5	5
7	Vischongo	1	8339,00	8339,00	5	5	10
8	Concepción	4	2047,2	935,3	3	3	6
9	Accomarca	0			7	0	7
10	Carhuanca	0			3	1	4
11	Huambalpa	0			9	3	12
12	Vilcashuamán	0			12	4	16
13	Saurama				0	1	1
14	Independencia				0	1	1
	Total	7	13.679,07	12.567,17	59	57	116

Fuente: A-DRAA.

En suma, los 7 predios expropiados reunían un total de 13.679 ha. Pero no se trataba de predios menores, pues en Vischongo uno de esos predios era la hacienda de Pomacocha, con sus anexos, que en total reunían una importante extensión mayor de 8000 ha, una de las más grandes del departamento. Ya se dijo en páginas introductorias que la historia de Pomacocha es importante por representar en el siglo XX el principal referente de movilización campesina por la tierra en la región.

Por su parte, en el distrito de Concepción, otra hacienda con alta connotación histórica era Ayrabamba, importante productora de aguardiente para consumo regional al momento de su afectación.

En la década de 1960, conforme aumentaba la presión campesina por la tierra, se aceleraron en el distrito de Los Morochucos las gestiones para el reconocimiento de comunidades, como se aprecia en el cuadro anterior. Más aún, antes de la Reforma Agraria no existía, hasta donde se sabe, ninguna comunidad reconocida en el distrito, pero luego de la aplicación de la Reforma Agraria se reconocieron 18 comunidades en el mismo ámbito. Según Claudia Naganoma, los comuneros identifican las comunidades recientes con las familias de la hacienda precedente, aunque esta tenga múltiples representantes:

> Así, por ejemplo, la Comunidad de San Antonio de Cuchucancha también era conocida como la Hacienda Cuchucancha o los Hatos de Cuchuquesera de la familia Prado; la actual comunidad de Chalco era conocida como el Fundo Cisneros o Hatos Chalco; la actual comunidad San Carlos de Juscaymarca se llamaba también Fundo San Carlos, Fundo Concepción de Testacucho de la familia Roca, "comunidad San Carlos de Oré" y "comunidad de los Roca"; la comunidad Satica se conocía también como la hacienda Satica de la familia Tenorio; y las comunidades Chirilla y Hualchancca eran conocida como las Haciendas Chirilla y Hualchancca, también de la familia Tenorio. (Naganoma 2012)

Por el contrario, en el distrito de Cangallo existían, antes de la Reforma Agraria, 12 comunidades que se podrían llamar "tradicionales", después de lo cual solo se crearon otras 5 en el ámbito distrital, al igual que en el distrito de Vilcashuamán, que agrupaba 12 comunidades antes de la aplicación de la Reforma Agraria, luego de la cual solo se crearon otras 4 comunidades.

Mapa 5
Víctor Fajardo-Huancasancos

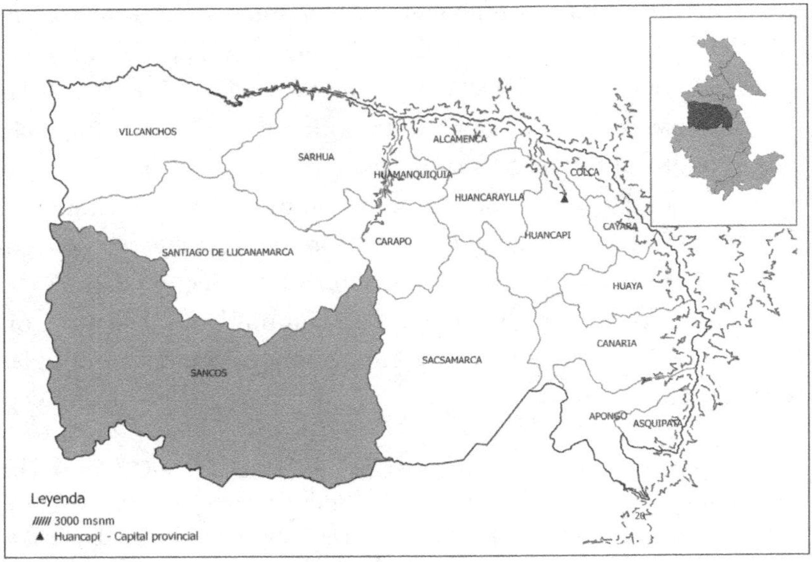

Elaboración propia.

La provincia de Víctor Fajardo, junto con las de Cangallo, Vilcashuamán y Huancasancos, representa un espacio en el cual la comunidad indígena, luego campesina, fue propietaria a lo largo de la historia de la mayor parte de las tierras.

La cuenca del río Qaracha, afluente sobre la margen derecha del Pampas, es un escenario importante de esta presencia comunera, que registra títulos de propiedad desde el inicio de la vida colonial, conforme atestigua el repartimiento de tierras en 1574:

> La expresada comunidad de San Juan de Sarhua es poseedora de las tierras indicadas desde el año 1574 en cuya época se verificó el repartimiento de tierras entre las seis comunidades siguientes: Sarhua; Taulli; Lucanamarca; Sancos; Chuquehuarcaya; y Espite. (Huamaní 1977)

Apenas 6 predios con 1060 ha fueron intervenidos por la Reforma Agraria en este espacio donde la titularidad comunal es la constante, tal como se aprecia en el cuadro siguiente:

Cuadro 40
Reforma Agraria en la provincia de Víctor Fajardo: predios afectados y comunidades campesinas creadas, según distrito

	Distritos	N.° de predios	Adquirida	Adjudicada	Comunidades campesinas Pre RA	Post RA	Total
1	Cayara	1	170	170	2	1	3
2	Alcamenca				3	1	4
3	Apongo				3	2	5
4	Asquipata				2		2
5	Canaria				3		3
6	Huancapi				1		1
7	Huancaraylla				2		2
8	Hualla				2		2
9	Sarhua				4	2	6
10	Vilcanchos				4		4
11	Cayara				2		2
12	Colca				2		2
13	Huamanquiquia				1	3	4
14	Carapo				1		1
15	Sancos	3	476,73	458,03	1		1
16	Sacsamarca	1	404	404	1		1
17	Santiago de Lucanamarca	1	9,65	0	1		1
	Total	6	1060,38	1032,03	35	9	44

Fuente: A-DRAA.

Creada luego de la aplicación de la Reforma Agraria, se constata que en todo el departamento Huancasancos es la provincia con el mayor porcentaje de pastos, los cuales cubren 91,2% de su territorio:

Cuadro 41
Superficie agrícola de Huancasancos

Superficie		Pastos		Montes		Otras	
Hectáreas	%	Hectáreas	%	Hectáreas	%	Hectáreas	%
2937,20	3,2	80.647,50	91,2	2645,30	3	5132,80	5,8

Fuente: A-DRAA.

En este espacio de tradición comunal, en el cual la crianza y negociación de ganado son el aspecto central de la economía, los niveles de diferenciación económica son bastante acentuados, sobre todo en la capital provincial, en la cual la polarización respecto del accionar de Sendero Luminoso en el conflicto armado interno ha dejado honda huella.

La Reforma Agraria apenas incidió en 6 predios de mayor dimensión, concentrados sobre todo en Sancos.

Es necesario señalar que la provincia de Huancasancos recién fue creada en 1984, sobre la base de 4 comunidades históricas que la componen, convertidas ahora también en distritos: Sancos, Lucanamarca, Carapo y Sacsamarca, que dejaron así de pertenecer a la provincia de Víctor Fajardo.

En 1917, la comunidad de Sancos prohibió la utilización individual de pastos considerados comunales; se ordenó en una asamblea el derribo de cualquier pirca que pretendiera señalar alguna propiedad familiar en terrenos en descanso, que impidiera con ella el pastoreo colectivo:

> 1. Que todos los comuneros se comprometen solemnemente a respetar la propiedad comunal de dichas tierras y a no cercar o poner muros en

ningún tiempo; reiterando su propósito unánime de disfrutar de dichas tierras sembrando por turno [...] y pastando sus ganados en los echaderos.

2. [a los que transgredan el acuerdo anterior se les multará] sin perjuicio de que los muros sean derrumbados por la comunidad [...]

3. Que en los terrenos cultivables acostumbramos sembrar en cercos formados por toda la comunidad y después de cuatro años volvemos a sembrar en el primer cerco que todos ellos son formados provisionalmente [...] durante el tiempo que no se siembra pueden aprovechar los pastos pastando sus ganados. (ARAy, SP Cangallo, leg. 16, años 1887-1859)

Una década después, en 1926, Sancos era una de las primeras comunidades de indígenas en ser reconocida por el gobierno. Pero, varias décadas después, igualmente por acuerdo de una asamblea general, los comuneros decidieron otorgar en propiedad familiar los terrenos que la comunidad consideraba como propios.

En la década de 1950, Huancasancos mantenía litigios con la diócesis de Huamanga y las comunidades de Ocaña, Laramate y Quesca; luego, con la vecina Lucanamarca. La evolución de la propiedad comunal entre 1953-1981 se explica por la eliminación de las cofradías acaparadoras de tierras y manejadas por algunos comuneros (Gonzales 1982).

En 1981, el proceso de privatización definitiva arrojaba las siguientes cifras:

Cuadro 42
Estado de privatizacion de tierras comunales en Huancasancos, 1981

	Hectáreas	Porcentaje
Propiedad privada	224.550	90
Propiedad comunal	24.950	10

Fuente: Gonzales 1982.

Zona Sur

Mapa 6
Lucanas-Sucre

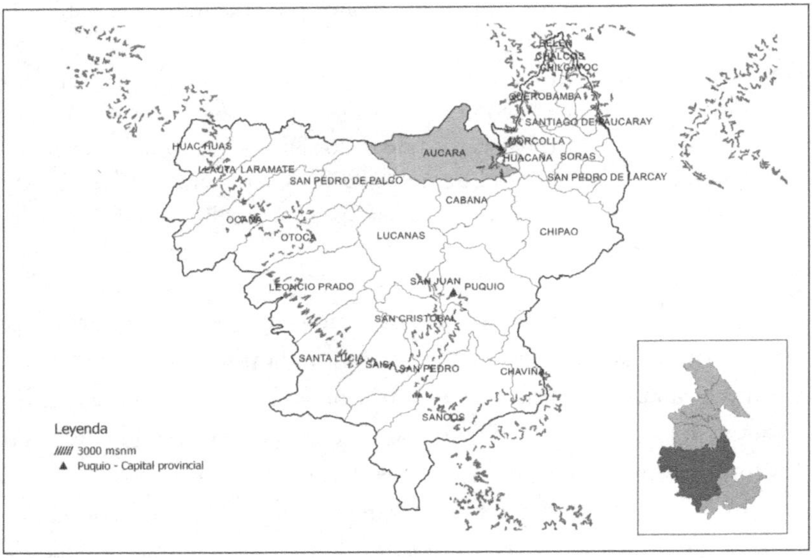

Elaboración propia.

Desde el inicio del periodo colonial, el territorio de Lucanas fue un corregimiento, que luego se convirtió en subdelegación en el régimen de Intendencias y, en 1825, en provincia. Así, la provincia de Sucre resulta la última división territorial provincial en la región Ayacucho, pues su creación data recién de 1986.

El territorio de la provincia de Lucanas al momento de la aplicación de la Reforma Agraria representaba alrededor de la tercera parte de todo el espacio departamental. Inmensas pampas y pastizales explican la importancia de la ganadería en este espacio mayoritariamente altoandino, que reunía la mayor cantidad de distritos de todo Ayacucho.

Las provincias norteñas –Huanta, Huamanga, La Mar, Cangallo, Víctor Fajardo y Vilcashuamán– se caracterizaron por una compleja presencia de mitimaes desplazados por la administración inca que se asentaron en esos espacios, mientras que la integridad étnica se mantuvo en un semicírculo imaginario que rodeaba aquel espacio *mitimaizado*: angaraes y chocorbos por el oeste; y lucanas, soras y chancas por el sur, "rodeaban" el espacio de mitimaes que tuvo el pueblo de Vilcashuamán como principal centro administrativo inca. Esta continuidad merecería una investigación en sí misma. Divididos en lucanas Laramate y lucanas Andamarca, los lucanas están registrados en algunas crónicas como una etnia distinguida por ser exclusivos cargadores de las andas de los gobernantes incas.

La división dual *hanan-hurin* se refiere a Laramate como centro de las cabezas de cuenca, conocidas como "cabezadas" en la región, y a Andamarca como agrupación de los lucanas de valles interandinos y punas, conocidos como "los interiores".

El juicio de residencia de Juan Manuel de Anaya, corregidor de la provincia de Lucanas, en 1580, es un buen ejemplo de la importante crianza de camélidos en los pueblos lucanas desde entonces. En efecto, "en el pueblo de la Concepción de Gualcabamba de Aucará, de indios lucanas, los curacas y gobernadores declararon que [...] tienen de la comunidad de todos mucha cría de pacos e durante el tiempo que los han tenido no han tenido dellos ningun provechamiento [...] e sería util e provechoso si vendiesen alguna partida" (AGI, Escribanía 529).

El juicio muestra cómo el corregidor negoció vender mil pacos a un español comerciante en ganado, al margen de las autoridades indígenas locales, que promovían un litigio contra él. Casi dos siglos después, en un expediente generado por la solicitud de reducción de tributo hecha por los indios de Lucanas, se encuentra la descripción precisa de las características territoriales y la economía de la provincia:

> Partido de Lucanas [...] compuesto de tres repartimientos a saber Lucanas, Andamarcas y Soras, con catorce doctrinas; pertenecen al primero las de S. Juan de Lucanas, Sta. Lucia, Otoca, Laramate y Apcara; al segundo las de Cavana, Chiapu, Guacaña, Querobamba y Carhuanca; y al tercero las de Payco, Larcay, Puquio y Paraysancos: de todas las cuatro que son Otoca, Laramate, Sta. Lucía y Paraysancos, lindan con la costa desde el valle de Palpa hasta el de Acari, y las demás en lo interior de la sierra con los Partidos de Castrovirreyna, Andahuaylas, Cangallo y Aymaraes y Parinacochas. En las inmediatas a la Costa hay vecinos españoles que se fomentan con engordar los ganados de la Sierra y manufactura de cordobanes, cuyo comercio es igual para el indio y asi es casi imposible que en estas doctrinas experimenten baja en tributos pues tienen los indios quantas proporciones son necesarias para sustentarse, cuyo alicitivo [sic] atrae a los de la sierra. Las demás doctrinas situadas en lo interior de la sierra en donde casi no hay un español no disfrutan de estas comodidades pues por el contrario carecen aun de los mui preciso para la vida, porque aunque gozan todos de bastantes tierras por haberlas, raras veces cosechan sus sementeras ya por lo rigido de los temperamentos, ya porque siendo la mas de dichas tierras estacionarias, pasado el tiempo todo se pierde y los miserables no tienen con que satisfacer sus tributos, y he aquí el motivo de las transmigraciones a otros partidos en donde la pasan sin pagar cosa algunas y viven a ba... nadamente. La doctrina de San Juan de Lucanas, asiento de minas, opulenta en otros tiempos por sus ricos minerales, era el cerro donde se abrigaban los indios de las mas doctrinas a ganar para soportar sus cargas, pero como ya se mire hoy como una sombra de su antiguo ser por la decadencia de dichos minerales, son mui pocos los indios que se dedican a ese trabajo, del que aun huyen por los frecuentes derrumbes que se experimentan [...]. (ARAy, Tributos, leg. 5, cuad. 141, año 1809)

El dictamen final, como se ve, rechaza el pedido de disminución del tributo de los indígenas, puesto que disponían de recursos que les permitían atender las cargas tributarias. Queda igualmente clara en el documento la existencia, posiblemente desde el siglo XVIII, del circuito ganadero sostenido por "vecinos españoles", que tenían en las cabezadas de los valles un importante espacio de engorde y que continuaría casi igual hasta el siglo XX, conforme ha investigado Rodrigo Montoya (1980).

Obviamente, cualquier modificación climática brusca afectaba directamente la economía provincial, sobre todo los periodos de sequía:

> [...] por la suma escasez de agua del año vencido se han malogrado las cosechas de cereales hasta el extremo de no encontrarse maíz, trigo, cebada, etc. sino en porciones muy pequeñas [...] En cuanto a los demás viveres [...] el chuño se trae de la provincia de La Mar en pequeña cantidad; el vino de los valles de Nazca y la provincia de Camaná... el café y la coca son artículos muy valiosos pues se internan en esa capital por los comerciantes carmenquinos. (ARAy, Pref., of. Recib., Lucanas, leg. 26, años 1874-1899)

En 1896, el subprefecto reafirmó las características de la producción provincial, en el auge de la venta de ganado y lana de ovinos y camélidos a diferentes regiones:

> La agricultura en la provincia es rudimentaria, en el cultivo de los campos se emplea el mismo régimen que el que nos dejó los conquistadores sin preocuparse los propietarios en introducir los nuevos métodos [...] Los distritos de Laramate, Otoca, Santa Lucia, Para y Sancos y Puquio cultivan la alfalfa en grande escala, la que se destina a la inverna del ganado vacuno [...] La industria más próspera es la cría de ganado. Se cría ganado vacuno, lanar, cabrío y caballar... se inverna ganado vacuno cada año de 7 a 8000 cabezas. El lanar se produce con abundancia en los distritos de Aucará, Cabana, Chipao y

> Soras, comprendiendose en esta industrita el ovejuno, el paco y la llama. El ganado lanar se exporta en abundancia para el departamento de Ica y abastece a las haciendas de la quebrada de Acarí; también se exporta para Iquique por el puerto de Lomas, se lleva para la ciudad de Ayacucho en considerable número. La lana del paco se lleva en grande cantidad para Arequipa. El ganado caballar y el de llama se exportan para el mineral de Cerro de Pasco en considerable cantidad. Los distritos productores de estos animales son Aucará, Cabana, Chipao, Soras, Huaccaña y Querobamba. (Pref., of. Recib., Lucanas, leg. 26)

La presencia e independencia de las comunidades indígenas era consecuencia lógica de la propiedad que ejercían sobre la mayor parte del territorio, y del ejercicio autónomo de sus autoridades:

> [...] ud. tuvo a bien pedir informes acerca de la repartición de tierras que hacen los varayos de aquel distrito (Querobamba) absuelto el informe por el Sr. Gobernador de ese distrito, solo tengo que añadir Sr. Prefecto que esta costumbre perniciosa es general en esta provincia y la autoridad toma parte únicamente cuando hay reclamo de algún interesado, de lo contrario se ven despojados los poseedores de muchos años de las dehesas o terrenos de cultivo. (Pref., of. Crec, SP Lucanas, leg. 26, años 1874-1899)

Al igual que en todas las provincias, la supresión del sistema de varas no fue aceptada por los indígenas, pero tampoco por las autoridades mistis, que se apoyaban en este para ejercer sus funciones:

> Emilio Aybar, Alcalde del Honorable Concejo Distrital de Otoca, en la provincia de Lucanas del Departamento de Ayacucho. Certifico: que la institución de los alcaldes de vara data desde tiempo inmemorial y su utilidad es tan conocida por todos los poderes públicos de cada sección territorial y sería un paso inconsulto su exclusión en un pueblo si se atiende a la necesidad de sus servicios ya como guardianes del orden público en el campo de sus jurisdicciones y ya como

> subalternos o agentes de policía legalmente establecidos en beneficio de los pueblos, sin embargo de que los varayos ocupan los terrenos sobrantes [...]. (ARAy, Pref., of. Lucanas, leg. 27, años 1900-1906)

La ganadería de camélidos y, luego, de vacunos es el principal rasgo de este espacio provincial, que se complementa con la cabecera de los valles de Acarí, Yauca y Ocoña, cabezadas hacia la costa.

Dos ejes económicos que se podrían decir similares en funcionamiento y paralelos territorialmente explican, en un caso, el comercio de vacunos propiciado por la demanda costera y, en otro caso, el otro eje de fibra de alpaca, de demanda internacional, que vincula Coracora con el puerto de Chala. El circuito ganadero de Lucanas ya existía a fines del periodo colonial, según se vio en la extensa cita anterior, y funcionó entre 1860 y 1950 vinculando la producción ganadera de Andahuaylas con la ciudad de Puquio y el puerto de Lomas (Montoya 1980); un poco más al sur, el circuito lanero de Coracora se transformó en circuito ganadero al caer la demanda de fibra de alpaca. Ambas rutas estuvieron vigentes hasta la llegada de las carreteras y del transporte automotriz, entre las décadas de 1930 y 1940.

Cuadro 43

Reforma Agraria provincia de Lucanas: predios afectados y comunidades campesinas creadas, según distrito

N.°	Distritos	N.° de predios				Comunidades campesinas		
			Adquirida	Adjudicada	Pendiente	Pre RA	Post RA	Total
1	Aucará	15	19.023,86	18.743,36	280,5	6	0	6
2	Cabana					2		2
3	Chaviña	2	1253,75	0	1253,75	2	0	2
4	Huac Huas	1	667,05	0	667,05	0	0	0
5	Laramate	1	1321,87	0	1321,87	1	0	1
6	Leoncio Prado	2	31,62	31,62	0	3	1	4
7	Lucanas	12	2453,66	1025,93	61	3	1	4
8	Otoca	1	7,6	7,6	0	5	3	8
9	San Juan	2	360,86	131,25	98,36	0	0	0
10	San Pedro	1	718,62	0	718,62	2	0	2
11	Santa Lucía	5	37,87	37,87	0	0	2	2
12	Carmen Salcedo					1	1	2
13	Chipao					2	12	14
14	Huac Huas					1	1	2
15	Llauta					2		2
16	Ocaña					2		2
17	Puquio					5	2	7

18	Saisa				1		1
19	San Cristóbal				1		1
20	San Juan				4		4
21	Sancos				1		1
22	Huaycahuacho				1		1
23	Palco				2	2	
24	Belen				1		1
25	Chalcos				1	1	2
26	Morcolla				5		5
27	Paico				2		2
28	Querobamba				2	2	4
29	Quije				1	2	3
30	Paucaray				2	1	3
31	Chilcayocc				1		1
32	Huacaña				2		2
33	Larcay				1	1	2
34	Soras				1		1
	Subtotal distrital				19	7	26
	Total	25.876,76	19.977,63	4401,15	47	25	68

Fuente: A-DRAA.

En lo que fuera el antiguo repartimiento de los Soras se creó, en 1986, la actual provincia de Sucre, en la cual no se registra ninguna actividad de la Reforma Agraria. Por su parte, en la provincia de Lucanas, las acciones de la Reforma Agraria aparecen concentradas en el distrito de Aucará. En la gran mayoría de distritos de Lucanas (23, de un total de 34) no se registra ninguna intervención de los funcionarios reformadores. Algunos datos merecen ser resaltados: en primer lugar, la concentración de los predios afectados en el distrito de Aucará (15) y, en menor medida, en el de Lucanas (12). En Aucará, que incluye el valle del río Sondondo, las sucesivas andenerías caracterizan el paisaje a lo largo de ese valle, desde Andamarca hasta Ishua, y se concentra en ese distrito el 74% de la tierra expropiada en toda la provincia; mientras que en Lucanas, la suma de hectáreas expropiadas representa el 9% del total de la tierra afectada por la Reforma Agraria.

Por otra parte, llama la atención que el reconocimiento de comunidades pos-Reforma Agraria no se registre centralmente en las áreas afectadas, como se vio en las provincias anteriores, en las cuales la secuencia afectación-grupo campesino-comunidad es posible de identificarse con claridad. En Lucanas, el mayor reconocimiento de comunidades luego de la aplicación de la Reforma Agraria ocurrió en el distrito de Chipao, donde no hubo afectación de Reforma Agraria. A las 2 comunidades existentes en ese distrito antes de la aplicación de la Reforma Agraria, se sumaron otras 12 nuevas comunidades luego desde la década de 1970. La explicación principal se encuentra, posiblemente, en el desmembramiento de anexos independizados de la comunidad madre, y también en la lenta tramitación de algunos reconocimientos de comunidades gestionados desde antes de 1970. Sea como fuere, el número de comunidades aumentó casi en 50% en la provincia luego de la Reforma Agraria, pasando de 47 a 68.

Mapa 7
Parinacochas-Páucar del Sara Sara

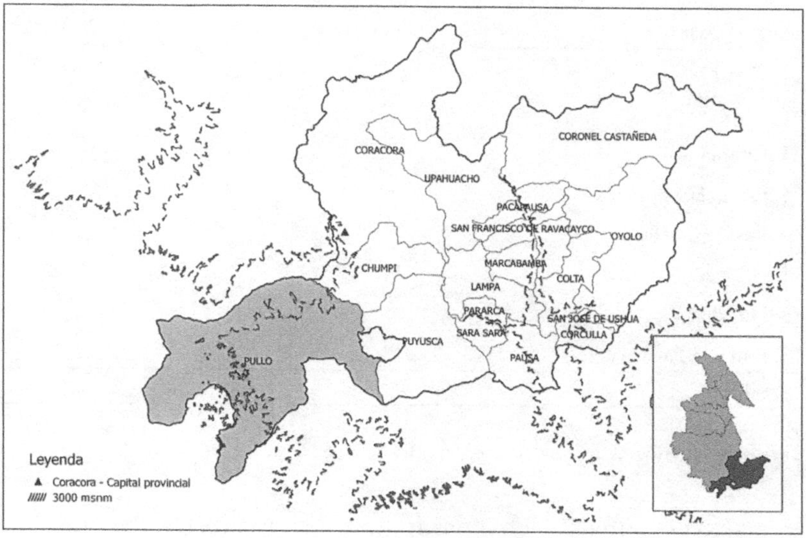

Elaboración propia.

Tal como se señaló para la provincia de Lucanas, entre Parinacochas y la costa se organizó también en el siglo XIX un eje comercial, lanero y luego ganadero; en él la capital, Coracora, era el centro y su destino era el puerto de Chala.

Ladislao Landa considera que la provincia puede dividirse en dos zonas definidas si se toma como referencia central la existencia de comunidades campesinas: en una zona, en el espacio que circunda la ciudad de Coracora, la posesión individual era la característica principal, con muy pocas comunidades en ese ámbito. Landa dice que solo existía la comunidad reconocida de Mucha. Por el contrario, en la otra zona, definida por la cuenca del río Huanca-huanca, existía un número mayor de comunidades campesinas, lo cual es también característico de gran parte de la provincia de Páucar del Sara Sara.

Cuadro 44
Tributos de Pararca y Quelcata (Parinacochas), 1809

Ayllus de Pararca	Originarios	Cholos	Total
1. Casiri	11	5	16
2. Choccpi	9	5	14
3. Estancia Aulla	1	1	2
4. Estancia Millmaca	6	3	9
Ayllus de Quelcata			
1. Hilanas	34	19	53
2. Huayllar	13	11	24
3. Puna de Parinacochas	18	6	24
Total	92	50	142

Fuente: AGN, Tributos, leg. 5, cuad. 142, año 1809.

Cada originario debía pagar 4 ps. 2 rs. y cada cholo apenas 20 rs. La calificación de "forastero" devino en una categoría étnica, la de "cholo", a la cual se adscribían quienes querían eludir el tributo.

Las informaciones desde el siglo XX remarcan en esta provincia la exportación de reses y ovinos hacia la costa, sustentada en los pastos naturales y el cultivo de alfalfa, al igual que en Lucanas. Ferias importantes se articulaban al circuito ganadero:

> [...] mas aseguro a ud. que estando próximo a realizarse la feria del Rosario en la Provincia de Parinacochas a principios del próximo mes (noviembre) se encontrara en aquella pues concurren centenares de personas. (ARAy, SP Parinacochas, leg. 26, año 1893)

Aunque en proporciones bastante menores que en las provincias norteñas, en Parinacochas se entremezclaban haciendas, minifundios y comunidades, aunque apenas tres comunidades de esta provincia lograron reconocimiento legal entre 1920 y 1940.

Tal como se vio en la provincia de Huamanga, en el sur del departamento, al momento de aplicación de la Reforma Agraria, las haciendas también estaban siendo fragmentadas, acentuando un mosaico de pequeñas propiedades que continuaron manteniendo su sistema hacendario, con relaciones producción precapitalistas y de fuerte presión sobre los yanaconas, partidarios y concertados. Un buen ejemplo de la fragmentación está representado por la hacienda colonial de Colcani:

> En 1795 se demuestra la existencia de una gran hacienda llamada "Colcani" que ha sido adquirida por compra a favor del señor Julián de la Roca, Administrador de las rentas decimales de Parinacochas, de su primitivo dueño don Carbajal Villarreal, Recaudador de Fondos de la Doctrina [...] del Partido de Parinacochas. (Cortez 1975)

La extensión de este latifundio, subdividido de la hacienda original, era aproximadamente de 3000 ha, sumando los fundos de Vicullo, Rucana, Costa Rica, Chinta y San José. De la hacienda original existente a inicios del siglo XIX, además de los 5 predios citados, se desgajaron otros 9 fundos, lo cual arroja un total de 14 propiedades que reunían las 6131 ha de la hacienda original de Colcani:

Cuadro 45

N.°	Fundo	Extensión (ha)
1	Costa Rica	660
2	Vincullo I	650
3	Vincullo II	595
4	Chinta	110
5	San José	36
	Subtotal 5 fundos	2985
6	Tantanya	558
7	Pilcuy	119
8	Venavista	181
9	Huamanpoma	175
10	Muyumuyu	148
11	Huamanpampa	142
12	Nichahua	67
13	Sorani	786
14	Rucana	970
	Total 14 fundos	6131

Fuente: A-DRAA.

Los síntomas de resquebrajamiento, surgidos en el periodo 1940-1960, se profundizan con fuerza en este periodo. La acción de compra de tierra por parte de los campesinos, la competencia de comerciantes, la penetración mercantil, las formas tradicionales de relaciones de producción se combinan con más frecuencia con las formas capitalistas. Ligadas a las formas planteadas, surgen otras en este periodo que contribuye a la ruina de los latifundistas de la zona. (Cortez 1975)

El mayordomo de la hacienda Sorani compró parte de las tierras al hacendado, porque las tierras de este fundo habían sido invadidas por el kikuyo (especie de grama gruesa) y se habían vuelto improductivas y poco rentables para su propietario:

> Desde la década del 50 más o menos se hizo presente la acción de la clase campesina en el proceso de compra-venta de haciendas. Dos haciendas desaparecen por esta acción: Lambran y Capellanía; fueron comprados por campesinos en parte, otra parte pasa a integrar otras haciendas. En otras ocasiones (Sorani por ejemplo) los campesinos adquieren pequeñas extensiones. (Cortez 1975)

Recuérdese que la provincia de Páucar del Sara Sara, cuya capital es la ciudad de Pausa —que había sido hasta 1891 capital provincial— fue creada recién en 1985.

El circuito que articulaba la provincia de Parinacochas con pueblos de la costa y del sur formó parte de las transacciones de lanas y fibras producidos en las comunidades y comercializados desde mediados del siglo XIX en ferias importantes similares a las del sur andino, como Vilque, en Puno. En el mes de junio se realizaba la feria de Lampa; en agosto tenía lugar la feria de Incahuasi, la más importante, a la cual acudían incluso comerciantes provenientes de Argentina, Bolivia y Chile. Por último, en Coracora mismo se reunía un público similar en el mes de noviembre.

El auge de la exportación de fibra hacia el mercado inglés, fundamentalmente de alpaca, incentivó la llegada a Coracora, en la segunda mitad del siglo XIX, de varios inmigrantes sobre todo, de origen europeo que crearon en la provincia almacenes de acopio de lanas, además de instalar tiendas de venta de productos importados a través del puerto de Chala, y distribuidos en el sur del país. Los apellidos aún perduran en sus herederos: Rosenthal, Galesfsky, Rutnik, Ritcher, Sretsky, Vagatul, Bandock, Salomón. Varios de ellos fueron agentes de empresas inglesas. Ya se hizo referencia al paralelismo entre este circuito, Coracora-Chala, y el de Puquio-Lomas estudiado por Rodrigo Montoya, aunque el énfasis era el comercio ganadero en este caso, y la venta de fibra de camélidos, en el caso parinacochano.

Cabe destacar que solo uno de estos inmigrantes europeos, que llegaron a ser importantes comerciantes, adquirió propiedad territorial en extensión significativa (Martínez 2000). La tierra no era tan buen negocio como la comercialización de ganado y lanas y, por ende, la concentración de tierras invirtiendo capital proveniente del comercio no prosperó en la provincia.

Se debe remarcar, además, que la crianza alpaquera era prácticamente una exclusividad de las comunidades indígenas, quienes vendían sus esquilas a una red de acopiadores intermediarios que, a su vez, las colocaban en las grandes empresas exportadoras. Esa era precisamente una de las razones principales de la existencia de las grandes ferias que se han mencionado, donde la cadena de comercialización comenzaba. Este auge del comercio de fibra de alpaca culminó, como sucedió en todo el sur, conforme decaía la demanda internacional, que se explica por el aumento de la exportación de lana de ovino, que en 1917 superaba ya los volúmenes de envío de fibra de alpaca.

Desde la década de 1920, a la par del decaimiento del mercado lanero, se produjo un parcial recambio de propietarios de tierras, interesados en la cría y engorde de ganado vacuno mejorado destinado al mercado nacional, lo cual conllevó a la importante introducción del cultivo de la alfalfa, a la vez que se ampliaba el mercado rural asalariado fundamental para el manejo de esa labranza.

En suma, el circuito de comercialización de lanas cedió ante el aumento de comercialización de ganado en pie, que se sostenía en el cultivo de alfalfares y guardaba similitud con el circuito ganadero

Puquio-Lomas, que se ha citado en el estudio de Montoya. Pero desde la década de 1950, el kikuyo invadiría progresivamente los alfalfares, restaría valor a la explotación de la tierra para continuar con la crianza y engorde de ganado, lo que generó la reducción drástica de su comercialización.

Ladislao Landa sustenta que la provincia se caracterizó por pequeñas propiedades privadas y por partes de haciendas mayores convertidas por herencia o venta en varios fundos de menor dimensión. Incluso, Landa afirma que la "Reforma agraria [...] no llegó con fuerza en esta región, no hubo ninguna afectación efectiva de las propiedades. Los funcionarios de la Reforma Agraria solo lograron realizar un catastro de la propiedad en toda la provincia" (Landa 1995).

Sin embargo, según Landa, vale la pena recalcar que la Reforma Agraria:

> [...] permitió resurgir sentimientos comunitarios a ciertos poblados que gestionaron ser reconocidos como comunidad para reclamar tierras que según ellos les pertenecía. Estos pueblos desde hace muchos años no tenían prácticas estrictamente comunitarias, ni poseían tierra en común, ni siquiera el pastoreo. El único trabajo colectivo que identificaba a los pobladores de Coracora, así como a sus alrededores, fueron los de reparación de canales de regadío. El "sequia aspiy" es hasta ahora una fiesta que permite el trabajo colectivo en el mes de agosto. Las actividades de los regantes permitieron resurgir también a los cuatro barrios de Coracora. (Ancco, Chinchaycocha, Ccollana y Mucha)

Cuadro 46
Reforma Agraria en la provincia de Parinacochas: predios afectados y comunidades campesinas creadas, según distrito

	Distrito	N.° predios				Comunidades campesinas		
			Adquirida	Adjudicada	Pendiente	Pre RA	Post RA	Total
1	Coracora	49	2097,49	1652,78	444,71	1	5	6
2	Chumpi	20	2523,00	2435,01	87,99	4		4
3	Pullo	12	6105,27	2579,96	3525,31	5	4	9
4	Puyusca	22	2585,73	217,70	2368,03	1	7	8
5	Pacapausa					3		3
6	Rivacayco					2	1	3
7	Upahuacho					4	1	5
8	Coronel Castañeda					2	2	4
9	Pausa	36	375,74	307,89	67,85	4		4
10	Colta	25	27,39	16,86	10,53	2	1	3
11	Lampa	1	10,78	0,00	10,78	2	3	5
12	Pararca	8	88,34	88,34	0,00	1		1
13	Marcabamba					1	2	3
14	Alpabamba					1	1	2
15	Corculla					1		1
16	Sara Sara					1		1
17	Oyolo						1	1
	Subtotal distrital	173	13.814	7299	6515	35	28	63

Fuente: A-DRAA.

El resumen de datos de la Reforma Agraria en la provincia original de Parinacochas muestra la mayor concentración de predios afectados en los distritos de Coracora y Pausa, donde se ubican las dos principales ciudades de la provincia; pero la mayor cantidad de tierra expropiada remite al distrito de Pullo, que tiene casi el triple de hectáreas afectadas que Coracora, mientras que Pausa y sus 36 predios apenas reúnen 375 ha.

Según Cortez, el 80% de los hacendados provinciales adeudaba al Banco de Fomento Agropecuario, "motivo por el cual no temen que la Ley de Reforma Agraria afecte sus propiedades, por el contrario esperan su aplicación que les evitará la ruina económica" (Cortez 1975).

Vale la pena destacar, igualmente, que en la mitad de los distritos de la provincia (9 de 18) no hubo intervención alguna de la Reforma Agraria, lo que corrobora las afirmaciones que se mencionaron de Landa. Una de las secuelas de esta limitada intervención de Reforma Agraria es que tampoco se aprecia un reconocimiento importante de comunidades que, al igual que en el resto del departamento, se inscribieron en mayor cantidad en los distritos de mayor afectación.

Este resumen provincial concluirá mencionando un movimiento campesino muy poco conocido, pero que resultó ser una de las movilizaciones más radicales de la población indígena ayacuchana contra "mistis" y gamonales locales, y que incidió directamente en la propiedad de la tierra al expulsar a los principales hacendados usurpadores de tierras comunales. Estos fueron los eventos de Oyolo de 1930, que tuvieron un antecedente en 1876 en una revuelta campesina en este distrito, a pocos kilómetros de Pausa, por entonces capital de la provincia de Parinacochas. La importante tesis de Dagoberto Choque (2002) explica cómo el gobernador de entonces fue acusado de beneficiar a quienes se dedicaban al negocio de comercio lanar a partir del acopio, usando para ello el poder de su función. La particularidad de la revuelta fue que no tenía como objetivo a un terrateniente sino a un funcionario, en una coyuntura de incremento de la demanda en el ciclo lanero, en el cual la provincia estaba inmersa. En 1931, organizados e incentivados por líderes locales, los campesinos comuneros se movilizaron a la capital del distrito y asaltaron las casas de algunos "notables", sindicados como mistis abusadores. En una página web preparada por un profesional nativo de Oyolo, Eduardo Maximiliano Narrea Huamaní, quien reside en Estados Unidos, se puede leer:

> La revolución clasista de Oyolo en 1930 fue muy cruenta, en ella murieron muchas personas, segun el profesor Don Flavio Casquino Alfaro calcula que serian aproximadamente unas 30 personas alli mataron a una familia completa Los Peralta, eran aproximadamente entre las tres o cuatro de la tarde cuando bajaron desde las partes mas altas, las mujeres traian piedra en sus polleras y los hombres tiraban de las huaracas este primer enfrentamiento comenzo en un lugar llamado "chunochana" que eran las tierras comunales que lo tenian los mistis y no dejaban entrar a nadie que no fuesen de su clase social, y hubieron muchos heridos, las masas campesinas de las punas bajaron y expulsaron a los mistis de los tres barrios: Oyolo-ayllu, Pumatambo y Achumani por haber cometido muchos abusos contra la raza indígena, entre estos abusos estaban por quitarles las tierras más productivas, por comprarles el ganado a precios irrisorios, por abuso de autoridad de los gamonales y gobernadores de turno, con machetes y palos en mano los campesinos expulsaron a todas las familias terratenientes, como los Humala, Heredia, Narrea, San Miguel, Villalobos, en esos tiempos estuvo de moda el levantamiento de los campesinos que lo hicieron en varios departamentos.[2]

Es interesante constatar la existencia de un mito vinculado con la represión de este movimiento: se afirma en la zona que, al enterarse de estos hechos en Oyolo, el gobierno envió dos avionetas,

---

2. Se respeta el original. Recuperado de: <http://cronicasayacuchanos.blogspot.com/2011/07/la-revolucion-social-de-oyolo-del-ano.html>.

bautizadas por los oyolinos como *chuspis* ("mosquitos") para bombardear Oyolo, pero esas frágiles avionetas no pudieron superar la altura del volcán Sarasara (5506 msnm) y, al retornar forzosamente hacia Lima, una de ellas cayó cerca del pueblo de San Sebastián de Sacraca, y fue trasladada a la plaza principal. Al respecto, se debe mencionar que es cierto que en Sacraca, en una de sus plazas, se encuentran los restos de un avión militar accidentado, pero... en 1957.

Capítulo III
De SAIS, cooperativas y grupos campesinos a comunidades campesinas

El modelo cooperativista impregnó la política agraria del régimen velasquista. Posiblemente influido por la importancia de esta forma de organización, no solo en países europeos desarrollados, sino también en sociedades del llamado tercer mundo, el modelo cooperativista intentaba, de una parte, asignar tierras a sectores campesinos discriminados, pero también impedir la fragmentación de la propiedad manteniendo empresas agrícolas, donde las hubiera, así como creando cooperativas donde no existieran. En el caso de Ayacucho, marginal para el gobierno y los intereses mayores de la realidad agraria, sucedió igual que en otras regiones: la tierra fue asignada a una pocas CAP y, mayoritariamente, a grupos campesinos conformados por quienes, de una u otra manera, dependían de los predios expropiados. Eran, según señala Caballero, una suerte de "pre-cooperativas" o "cooperativas en formación", que quedaron en mera propuesta sin llegar a concretarse (Caballero 1984: 24).

En páginas anteriores se han presentado los datos cuantitativos de las 12 empresas generadas por la Reforma Agraria en las tres provincias norteñas. El siguiente cuadro le permite al lector recordar dicha información:

Cuadro 47
Empresas Agrarias PIAR Ayacucho, 1976

Tipo	Nombre	N.° Predios	Hectáreas	Familias
	Huamanga	57	30.252	1186
SAIS	Huamanga N.° 55	4	1432.50	21
CAP	Libertadores N.° 269	10	16.683,79	263
CAP	Basilio Auqui N.° 270	16	4326.53	201
CAP	Mariscal Caceres N.° 248	9	1018.12	98
CAP	Sinchi Roca N.° 194	15	4137.21	468
CAP	San José de Parco N.° 8-4 X	1	1061.27	23
CAP	Ascensión de Urpay	2	1592,68	112
	Huanta	22	5799	304
CAP	Chirapa N.° 249	9	2774,72	154
CAP	Gervacio Santillana N.° 282	13	3024,34	150
	La Mar	16	2999	103
CAP	San Martín de Porras N.° 3-4-X	5	512,08	39
CAP	María Parado de Bellido N.° 3-4-X	6	826,26	39
CAP	Virgen del Carmen N.° 15-4-X	5	1660,20	25
Total		95	39.049,70	1593

Fuente: Empresas Agrarias PIAR Ayacucho. Archivo Agrario-DRAAy.

En la concepción del programa de Reforma Agraria, respecto de la modernización del agro en las zonas de sierra del departamento de Ayacucho, la SAIS Huamanga Ltda. N.° 55 se organizó con la finalidad de "Constituir una organización socio-económica que permite alcanzar el bienestar social y el desarrollo de sus socios, sirviendo como agente dinámico para la consecución de una sociedad solidaria" (Art. 5.° Estatuto de la SAIS Huamanga Ltda. N.° 55); además de otros objetivos específicos que comprenden la modernización de la agricultura y ganadería, la transformación de la producción agropecuaria, y elevar la condición social, económica y cultural de sus socios, en el ámbito adjudicado.

La SAIS Huamanga N.° 55 fue la única que se constituyó sobre la base de los predios afectados a las haciendas más importantes del distrito de Ocros, en el piedemonte del cauce del Pampas, con un área de 1432,50 ha, lo que benefició a familias de exyanaconas y de las comunidades integrantes. Paralelamente, la propuesta de constitución de la SAIS "Virgen de las Nieves" en el sur del departamento, en el distrito de Pausa en Parinacochas, como núcleo de modernización de la ganadería, no llegó a plasmarse:

> [...] la SAIS "Huamanga" Ltda. N.° 55, está conformada por los predios "Ninabamba o San José de Ninabamba", y anexos "Locería", y "Cochas Alta", "Pajonal" y Anexos "Asnacc" y "Vacahuasi" respectivamente tiene una extensión total de 1,432 ha. 5,000 m2., los cuales fueron adjudicados a favor de la SAIS "Huamanga", mediante Contratos de Compra Venta. Considerándose además Construcciones e Instalaciones, Plantaciones Frutícolas, Maquinarias e Equipos, Ganado Vacuno y Equinos. (Acta de Inspección Ocular, 27/10/1988. Firmada por la Unidad Agraria Dptal. XVIII Ayacucho/Sup. Ref. Agra. y Asun. Rural y Junta de Beneficiarios de la SAIS Ltda. 55 Huamanga)

En su fundación, la empresa agraria se constituyó con socios de personería jurídica, como las comunidades campesinas de Chumbes y Ocros; y por personas naturales, como los exfeudatarios debidamente calificados de los fundos afectados:

> Art. 8° Son socios de las SAIS "Huamanga", Ltda. las Comunidades Campesinas siguientes: Santa Isabel de Chumbes, San Juan de Ocros

y los feudatarios de los predios adjudicados a la SAIS, debidamente calificados por la D.G. de R.A. y A.R. se organizan en un Comité de Producción. (Art. 8° Estatuto de la SAIS "Huamanga" Ltda. N.° 55)

La inclusión de las comunidades de Chumbes y Ocros como socios de la SAIS no significó la disposición de tierras a favor de las comunidades, sino que buscaba beneficiar a 1144 familias con oportunidades laborales en las actividades productivas, además de tener acceso a las utilidades que generaría la empresa. Así estaban consideradas 735 familias de la comunidad de Ocros, 305 de la comunidad de Chumbes y 104 feudatarios.

Cuadro 48
Población beneficiaria de la SAIS Huamanga, 1975

Familias beneficiarias	Hombres	Mujeres	Total	%
Comunidad de Ocros	611	124	735	64,2
Comunidad de Chumbes	154	151	305	26,7
Feudatarios	41	63	104	9,1
Total	806	338	1144	100,0

Fuente: Plan de explotación SAIS Huamanga Ltda. N.° 55. 1975. Zona Agraria XIII Ayacucho.

Desde ya, se observa una primera heterogeneidad entre los socios constituyentes: por una parte, los campesinos comuneros (90,9%) que tenían una tradición de gestión comunitaria en el manejo y control de los ecosistemas y del acatamiento de los acuerdos comunales; y, por la otra, exfeudatarios (9,1%), con una experiencia de subordinación dentro de la estructura de la hacienda, poco acostumbrados a la toma de decisiones, ni siquiera en su propia parcela. En el futuro, este sería uno de los determinantes de su debilitamiento para el logro de los objetivos perseguidos.

Desde su creación, el funcionamiento de la SAIS se basó en dos instrumentos de gestión básicos: el Estatuto de la SAIS Huamanga Ltda. N.° 55, que regulaba el comportamiento organizacional asociativo, y el Plan de Explotación de la SAIS, de septiembre de 1975 que, en lo fundamental, fue referente rector para los sucesivos planes:

> Elaborado con la participación del Comité Organizador de la Empresa, con un especialista de la Sub Dirección de Apoyo a las Empresas Campesinas de la Zona Agraria XII-Ayacucho; funcionarios del Banco Agrario Sucursal Ayacucho, en la determinación de los costos unitarios. (Plan de Explotación de la SAIS)

El plan se formuló considerando la disponibilidad de la mano de obra de los socios y de la tierra como medio de producción básico, con las dimensiones y características siguientes:

- Área total 5091,00 ha, de las cuales se reservaron 431,57 ha para el manejo empresarial, tierras aptas para la actividad agrícola; con 299,52 ha (69,4%) con acceso a riego y 132,05 ha (30,6%) de secano.
- Para los socios se asignaron 4569,43 ha con las siguientes características: tierras con riego, 699,40 (15,01%); de secano, 364,18 (7,82%); y 3595,85 (77,17%) de pastos naturales.

Es decir, el área para los socios era predominantemente de pastizales. El resultado de esta distribución asignó a cada familia un promedio de 4 ha, de las cuales 0,61 ha eran de riego y 0,32 ha de secano; y el resto, de acceso a pastos naturales. Es decir, casi el mismo rango promedio de tenencia de la tierra de una familia de una comunidad ancestral, para el desarrollo de una agricultura familiar.

Cuadro 49
Área de la SAIS Huamanga Ltda. N.° 55, según uso de la tierra

N°	Predios	Tierras (ha)				Área empresarial		
		Total	TCR	TCS	TPN	TCR	TCS	Total
1	Occechipa y Anexos; Uchucusi y otros	582,55	44,30	58,50	436,50	43,25		43,25
2	Ibias	886,10		149,70	636,40		100	100,00
3	Cochas Baja	89,17	59,30	13,78	16,09			0,00
4	San Kosé de Ninabamba y Anexo Loceria	238,80	208,80			30		30,00
5	Pajonal y Anexos	1273,70	192,60	35,20	974,90	71,00		71,00
6	Cochas Alta	21,00		21,00				0,00
7	San José de la Colpa	1999,68	194,40	86,00	1531,96	155,27	32,05	187,32
	Total	5091,00	699,40	364,18	3595,85	299,52	132,05	431,57

Fuente: Plan de Explotación en la SAIS Huamanga Ltda. N° 55. Sep. 1975. Zona Agraria XIII Ayacucho.

Se plantearon como objetivos incrementar la producción y productividad agrícola a fin de contribuir a la mejor alimentación de la población, maximizando la utilización de la mano de obra y la capitalización de la empresa, "para contribuir con el incremento del nivel de vida de sus socios".

Para este propósito, los administradores priorizaron actividades productivas a corto plazo con cultivos de panllevar en 308 ha, instalaron especies y variedades tradicionales que se cultivaban en la zona, como trigo (60 ha), maíz choclo (30 ha), maíz híbrido (40 ha), papa (50 ha), cebolla (40 ha), frijol (40 ha), arveja seca (30 ha) y naranja (18 ha). La empresa esperaba que los rendimientos permitieran cubrir las demandas de consumo de las familias socias y pagar los salarios (19.146 jornales) con la venta de los excedentes, además de adquirir luego maquinarias y equipos agrícolas con la finalidad de innovar la tecnología. La actividad pecuaria fue relegada a un mediano plazo.

Las expectativas no se lograron por los motivos que explicaron los socios en las diferentes asambleas posteriores, en las cuales se evidenciaron dos posiciones: una parte de los socios deseaba la reconversión de la SAIS en comunidad campesina, anteponiendo la seguridad de la propiedad de la tierra como una forma de extensión de la comunidad; y otra parte de los socios, exfeudatarios, veían en la empresa una fuente de seguridad de reproducción de sus medios de existencia en la perspectiva de un "parcelero".

En efecto, los socios exfeudatarios continuaban dentro de la empresa sus prácticas productivas tradicionales en las áreas familiares asignadas, descuidando el manejo de las áreas de conducción empresarial. En el predio empresarial Pajonal, contrariamente al manejo tecnológico de mayor productividad de la tierra, prefirieron cultivar maíz en los espacios intermedios de las plantaciones de frutales; mientras que el predio San José de Ninabamba fue utilizado como echadero de pastos naturales, a pesar de que las tierras tenían acceso a riego y eran, por ende, susceptibles de ser manejadas intensivamente. En la óptica de los socios, las áreas de pastos naturales que se encontraban cubiertas de tunales eran aprovechadas como generadores de fruta, así como para recolección de cochinilla para el fondo comunal. En suma, una lógica de economía campesina de subsistencia y de seguridad alimentaria.

La SAIS Huamanga, desde muy temprano en su constitución, empezó a dar muestras de debilidades para el cumplimiento de sus objetivos fundacionales, debido a varios factores; entre los más importantes, tal como se dijo anteriormente, estaban las limitadas o nulas capacidades de gestión empresarial de sus socios, exfeudatarios de las haciendas afectas, con bajos niveles de escolarización, cuyas destrezas y prácticas productivas se circunscribían más a desempeñarse mayoritariamente como yanaconas y excepcionales peones asalariados. Se hizo evidente, entonces, con los años, el desánimo y poco compromiso de los socios con la empresa, debido, además de por las razones ya esgrimidas, a las constantes demoras de pago de los jornales y sueldos, condicionadas por la falta de un mercado atractivo, con precios bajos y reducidas utilidades.

En 1988, las áreas empresariales con acceso a riego —que, en la época de la hacienda, fueron conducidas con alfalfares o cañaverales— paulatinamente reorientaron su producción a cultivos de panllevar propios de la zona, para cubrir principalmente las demandas de consumo de las familias socias y un mínimo excedente para el mercado. Así, poco a poco, los socios fueron apropiándose privadamente de las parcelas asignadas como tenencia o, en otros casos, se hizo "norma" la asignación definitiva por acuerdo común:

> El estado de conducción y explotación de las tierras que integran los predios referidos [...] se encuentran totalmente individualizadas, en forma de parcelas individuales, repartidas o divididas entre los socios Calificados y no calificados, [...] Ninguna de las áreas llamadas empresariales son trabajadas como tales, más aun ha sido parcelado en su integridad todas las áreas empresariales. (Acta de Inspección Ocular, 27/10/1988. Firmada por la Unidad Agraria Dptal. XVIII Ayacucho/Sup. Ref. Agra. y Asun. Rural y Junta de Beneficiarios de la SAIS Ltda. 55 Huamanga)

En el informe de inspección ocular, con fines de atender la solicitud de rescisión de los contratos de adjudicación otorgados a favor de la SAIS, se expresa con claridad que esta no fue conducida eficientemente, ni en los aspectos técnico-productivos como tampoco en la administración de los recursos monetarios para generar utilidades, en la lógica empresarial asociativa de capitalización, inversión y redistribución social:

> Los ganados vacunos e Equinos, en la actualidad no existen [sic] ganado alguno, por haber sido vendidas [sic] en algunos casos para sufragar gastos de pago de Jornales de la Empresa y en otros casos han muerto por enfermedad. (Acta de Inspección Ocular cit.)

A la misma fecha, el número de socios se había incrementado a 178, incluyendo "feudatarios calificados" (feudatarios de los predios adjudicados a la SAIS, debidamente calificados al momento de la afectación por la DG de RA y AR) y "no calificados" (campesinos venidos de otros lugares, que se habían incorporado).

Cuadro 50
Número de socios al momento de la afectación

Unidad de producción	Calificado	No calificado
Sector Pajonal	19	59
Sector Ninabamba	4	51
Sector Vacahuasi	3	42
Total	26	152

Fuente: Acta de Inspección Ocular.

Así, la empresa no logró consolidar una propuesta productiva asociativa agropecuaria basada en la producción agrícola y, mucho menos, en el manejo de la ganadería mejorada de vacunos y caprinos para generar utilidades, reinvertir en la crianza y redistribuir a los socios por la fuerza de trabajo invertida, "casi todos los años, los balances anuales salían en rojo, con deudas de salarios a los socios trabajadores" (Francisco Martínez, exfuncionario de Reforma Agraria Ayacucho).

A diez años de idas y vueltas del proceso de aplicación de la Reforma Agraria se asistió al temprano fracaso de la SAIS Huamanga y de las once CAP en el departamento de Ayacucho. El 16 de febrero de 1990, la Asamblea General Extraordinaria de Socios de la SAIS Huamanga acordó disolver y liquidar la empresa argumentado tres razones fundamentales: i) La poca participación y bajo compromiso de los socios en el funcionamiento de la empresa; ii) la incapacidad de la gestión empresarial para cubrir las demandas de autoempleo de los socios; y iii) la total desorganización administrativa, empresarial y socioeconómica, por el contexto de violencia que se vivía en la zona (Acta de Asamblea General Extraordinaria de Socios Integrantes de la SAIS Huamanga LTDA. N.° 2-8-VI).

Los socios argumentaron estas razones como sustento formal para la liquidación de la empresa; pero, en la práctica, las áreas empresariales ya habían sido fraccionadas en parcelas individuales y estaban en posesión de todos los socios y no socios de la empresa, inclusive de algunos comuneros de las comunidades campesinas Santa Isabel de Chumbes y San Juan de Ocros.

El acuerdo consiguiente fue:

> [...] solicitar a la Dirección General de Reforma Agraria y Asentamiento Rural Unidad Departamental XVIII Ayacucho la inmediata adjudicación de los bienes agrarios revertidos a favor de la Comunidad Campesina de “Santa Isabel de Chumbes” y “San Juan de Ocros”, modalidad determinada por los beneficiarios calificados y la comunidad en pleno. (Acta de Asamblea General)

Esta es una de las formas mediante las cuales la comunidad campesina se benefició de tierras, aunque la Reforma Agraria no priorizaba a la comunidad campesina ancestral como beneficiaria de asignación de predios expropiados, sino más bien pretendía “modernizarla” reestructurándola. Así lo sostiene Caballero:

> En conjunto se trataba de reducir las formas tradicionales de organización económica campesina y de gobierno interno, para dar paso a formas empresariales modernas integradas a la economía y al régimen político y administrativos nacionales. (1984: 78)

Las cooperativas agrarias de producción

Como se explicó en un capítulo anterior, en el departamento de Ayacucho se constituyeron 11 CAP, que agrupaban a los exfeudatarios de las haciendas más importantes de las provincias del norte. En resumen, esas empresas sumaban 37.617,20 ha de gran potencial agrícola, por encontrarse entre las mejores tierras de la región, que beneficiaban a más de 1572 familias exfeudatarias.

En 1980, a siete años de su constitución, ya se manifestaban visos de descontentos y desencantos entre los socios de estas CAP por la falta de apoyo del Estado en asesoramiento organizativo empresarial, asistencia técnica para la producción y apoyo crediticio. Esta fecha coincide con las primeras incursiones de Sendero Luminoso en la zona, cuyo discurso y acciones generaron un ambiente de inseguridad en las CAP, consideradas por este grupo subversivo como "engendros del gobierno militar"; especialmente sus dirigentes, que pregonaban un discurso reformista sobre los problemas de la situación del campesinado empobrecido.

Frente a esta situación de abandono e incertidumbre sobre su futuro como empresa asociativa, los dirigentes de las CAP iniciaron un largo periplo de búsqueda de solución a sus problemas, proponiendo como alternativa central la desactivación de dichas empresas, para reconvertirse en comunidades campesinas:

> A dieciocho años de iniciado el proceso, la realidad de estas Cooperativas, está caracterizada por una crisis generalizada que demuestra la inviabilidad de este modelo asociativo, que fue impuesto

verticalmente sin tener en cuenta las formas ancestrales organizativas del campesinado en el Departamento. (Comité de Cooperativas de Ayacucho 1987)

En efecto, las 11 cooperativas no funcionaron como tal y no lograron adecuarse al Decreto Ley N.° 85, y a esas alturas las áreas empresariales eran prácticamente inexistentes, por la redistribución interna entre sus socios e incumplimiento de los acuerdos. Ello permitió el abandono y mal manejo de los recursos naturales —praderas y bosques—, en el marco generalizado de un profundo desgobierno.

Recién en junio de 1988, la Dirección General de Reforma Agraria envió un oficio al director de la Unidad Agraria de Ayacucho. En él comunicaba el envío de expedientes de resoluciones para la rescisión de contratos de compraventa de 7 CAP.

Asumida la comunicación oficial de la disolución de las CAP, los grupos beneficiados orientaron sus esfuerzos organizativos para lograr ser reconocidos como comunidad campesina. Esta era la vía más directa para acceder a la tierra antes que demandar la adjudicación familiar de los predios subdivididos.

No solo sirvió de referencia la existencia y funcionamiento de comunidades campesinas vecinas de las CAP, sino que era de conocimiento de los líderes la normatividad que protegía la tierra de las comunidades reconocidas e inscritas oficialmente.

Los argumentos para su reconversión en comunidades campesinas estaban sustentados en su convicción de que así serían mejor atendidas por el Estado, y que la Constitución del Estado les amparaba y garantizaba la propiedad de sus tierras frente a las amenazas de retorno de los hacendados. Estos argumentos servían para solicitar la aplicación del Decreto Ley N.° 002, emitido en noviembre de 1980, que planteaba en sus artículos 78.° y 80.° la reestructuración y cambio de modelo empresarial de las organizaciones asociativas creadas por la Reforma Agraria:

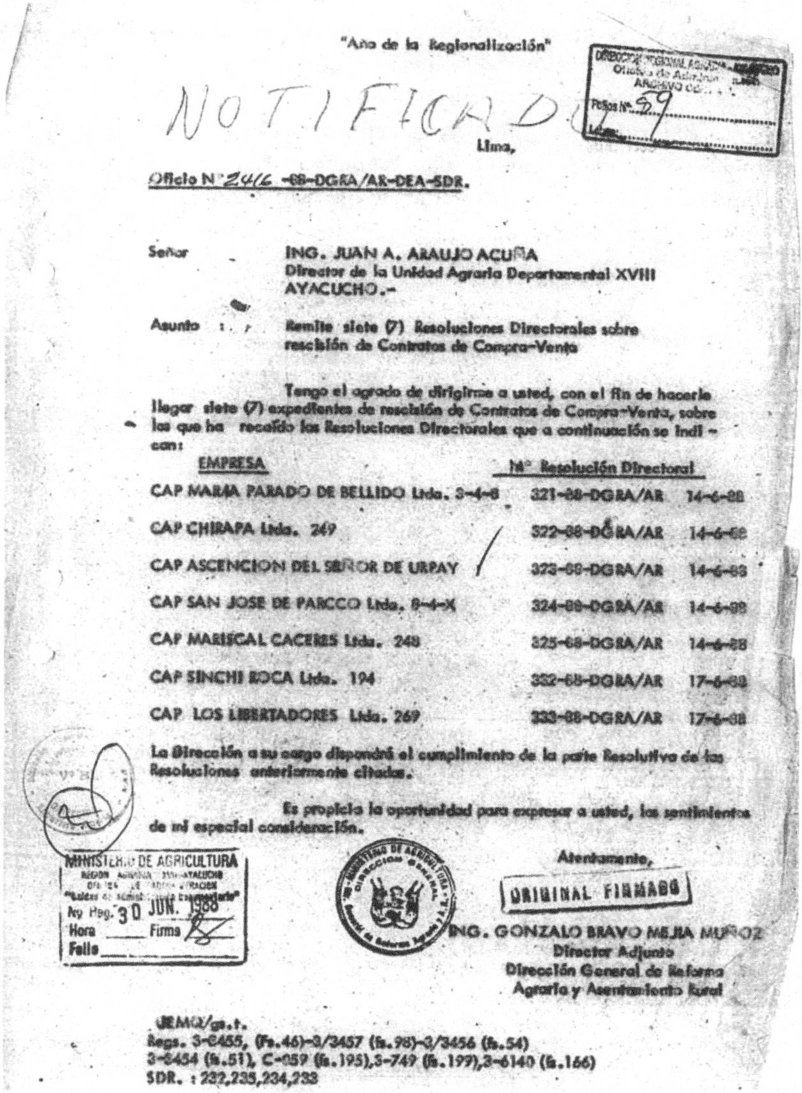

"Año de la Regionalización"

NOTIFICADO

DIRECCIÓN REGIONAL AGRARIA ... Oficina de Adm... ARCHIVO ...
Folios Nº 59

Lima,

Oficio Nº 2416 -88-DGRA/AR-DEA-SDR.

Señor ING. JUAN A. ARAUJO ACUÑA
Director de la Unidad Agraria Departamental XVIII
AYACUCHO.-

Asunto : Remite siete (7) Resoluciones Directorales sobre rescisión de Contratos de Compra-Venta

Tengo el agrado de dirigirme a usted, con el fin de hacerle llegar siete (7) expedientes de rescisión de Contratos de Compra-Venta, sobre los que ha recaído las Resoluciones Directorales que a continuación se indican:

EMPRESA	Nº Resolución Directoral	
CAP MARIA PARADO DE BELLIDO Ltda. 3-4-8	321-88-DGRA/AR	14-6-88
CAP CHIRAPA Ltda. 249	322-88-DGRA/AR	14-6-88
CAP ASCENCION DEL SEÑOR DE URPAY	323-88-DGRA/AR	14-6-88
CAP SAN JOSE DE PARCCO Ltda. 8-4-X	324-88-DGRA/AR	14-6-88
CAP MARISCAL CACERES Ltda. 248	325-88-DGRA/AR	14-6-88
CAP SINCHI ROCA Ltda. 194	332-88-DGRA/AR	17-6-88
CAP LOS LIBERTADORES Ltda. 269	333-88-DGRA/AR	17-6-88

La Dirección a su cargo dispondrá el cumplimiento de la parte Resolutiva de las Resoluciones anteriormente citadas.

Es propicio la oportunidad para expresar a usted, los sentimientos de mi especial consideración.

Atentamente,

ORIGINAL FIRMADO

ING. GONZALO BRAVO MEJIA MUÑOZ
Director Adjunto
Dirección General de Reforma
Agraria y Asentamiento Rural

MINISTERIO DE AGRICULTURA
Nº Reg. 30 JUN. 1988
Hora ____ Firma
Folio ____

GBMM/gs.t.
Regs. 3-6455, (Fs.46)-3/3457 (fs.98)-3/3456 (fs.54)
3-3454 (fs.51), C-057 (fs.195),3-749 (fs.199),3-6140 (fs.166)
SDR. : 232,235,234,233

Oficio para la rescisión de contratos de compraventa.

> Compartimos con el resto de las comunidades la misma situación de abandono, pobreza y marginación, que ha hecho este Gobierno, a través de la priorización del Trapecio Andino, busque otorgar un mayor apoyo a los campesinos. Sin embargo, las CAPs no somos beneficiarias de los recursos estatales, en la proposición que sí se le está dando a las comunidades campesinas. Y mientras éstas se encuentran amparadas por la nueva Ley de comunidades campesinas, las CAPs, en una incertidumbre legal absoluta, nos hallamos marginadas. (Comité de Cooperativas de Ayacucho 1987)

Así, aferrados a su lema "Queremos que legalmente se reconozca lo que realmente somos en la práctica: vivimos, trabajamos y nos organizamos como comunidades campesinas", los grupos campesinos gestionaron su conversión en comunidades campesinas para que las tierras adjudicadas por la Reforma Agraria fueran realmente imprescriptibles, inalienables e inembargables.

Grupos campesinos

Al momento de la afectación de las haciendas en el norte de Ayacucho, la situación de los feudatarios era heterogénea, pues no todos tenían la misma condición. Había feudatarios que tenían mucho tiempo sirviendo a la hacienda, al igual que sus padres, y por su larga permanencia pudieron ubicarse en parcelas donde habían invertido trabajo para hacerlas más productivas, con pequeños huertos, cercos, etc., y se sentían con derecho a continuar como posesionarios; otros feudatarios, de reciente incorporación e incluso venidos de otras zonas, conducían parcelas señaladas por los hacendados de muy baja calidad para la agricultura. En este distinto acceso se pueden encontrar los primeros indicios para la futura diferenciación campesina en el interior de los grupos campesinos, que marcarían intereses contrarios en la conducción de la "empresa", también en el acceso a los predios de gestión empresarial o en la reasignación de más tierras entre los socios (Loayza 1984).

Al momento de la asignación de parcelas a los exfeudatarios beneficiarios, se reservaron importantes áreas de mayor productividad —por disponer de riego y ser accesibles a tecnología moderna— para ser conducidas empresarialmente, áreas que después fueron fraccionadas y redistribuidas entre los conformantes de los grupos campesinos, o convertidas en áreas comunales cuando estos grupos se reconvirtieron en comunidades campesinas.

Posteriormente, en muchos casos la redistribución de las parcelas no fue equitativa ni democrática, pues quienes conformaban el grupo de poder (autoridades, gestores y caudillos) se beneficiaron con las mayores o mejores parcelas, en discrepancia y con el descontento de la mayoría restante. He allí el origen de futuros conflictos internos, incluso al ser reconocidos como comunidad.

Está claro, como se dijo, que entre los objetivos de la Reforma Agraria no estaba contemplado reconocer a la comunidad campesina tradicional como sujeto-beneficiario de las tierras expropiadas a los latifundistas; por el contrario, el objetivo era reestructurarla hacia una forma de organización empresarial de carácter asociativo. En este sentido, se reagrupó a los exfeudatarios beneficiarios en grupos campesinos, con el objetivo de establecer en el futuro empresas de producción de carácter asociativo de base campesina, ya fueran cooperativas o comunidades campesinas "modernas" de gestión empresarial asociativa.

Inmediatamente después de haberse realizado las acciones de evaluación y afectación de los predios superiores a 50 ha con persistencia de relaciones de trabajo serviles, los funcionarios de Reforma Agraria procedieron a la calificación de los feudatarios, a fin de agruparlos y constituirlos como grupo campesino con fines de adjudicación. Obviamente, este proceso no ha sido homogéneo en el departamento de Ayacucho, dadas las características específicas de cada zona con predominancia de la hacienda, algunas más tradicionales que otras, y del análisis o entendimiento de la problemática local por parte de los funcionarios que aplicaron las normas de adjudicación.

La constitución de los grupos campesinos implicó la conformación de sus respectivas juntas directivas y comités de vigilancia, con encargo de gestionar y administrar las tierras y bienes otorgados. Por otra parte, se nombró entre los socios al teniente gobernador, como último eslabón de mando de la autoridad política nacional después del gobernador distrital; igualmente, se nominó a un agente municipal, que tenía como función velar por el ordenamiento urbano del núcleo poblacional:

> La vinculación por lazos de consanguinidad de sus pobladores es característica de estos pagos, de donde deviene que tres o cuatro jefes de familia son cabecillas y dirigentes de cada sector [...]. (Loayza 1984)

Estos "cabecillas", cuando se constituyó el grupo campesino, asumieron cargos de autoridad administrativa (junta directiva) o político-municipal (teniente gobernador o agente municipal).

En 1979, en la zona norte del departamento se habían creado 118 grupos campesinos con 4541 socios exfeudatarios, a quienes se les asignaron 130.331,8 ha. Fue en el ámbito del PIAR Huanta donde se constituyeron más grupos campesinos (57), seguido por Huamanga (34) y La Mar (27). En cuanto a la relación de fundos por grupo campesino, en el PIAR Huamanga y en el PIAR Huanta el promedio fue de 2 fundos por organización beneficiaria; y, en La Mar, de 1 fundo por grupo campesino.

Cuadro 51
Grupos campesinos según PIAR, zona norte de Ayacucho

PIAR	Grupos campesinos			
	N.°	Hectáreas	Benef.	Fundos
PIAR Huamanga	34	27.457,5	984	60
PIAR Huanta	57	45.762,9	2245	92
PIAR La Mar	27	57.111,4	1312	33
Total	118	130.331,8	4541	185

Fuente: Archivo Agrario Dirección Regional Agraria Ayacucho. Doc. 1979.

Tomando como referencia el estudio realizado por el Instituto de Estudios Regionales José María Arguedas en la zona norte de Ayacucho, sobre la asignación de tierras a los grupos campesinos, los predios adjudicados se clasificaron previamente en tierras de cultivo de secano (TCS), tierras de cultivo con riego (TCR), tierras de pastos naturales y bosques (TPN), en similitud con la clasificación que manejaban las comunidades.

En cuanto a las tierras de cultivo, después de otorgar a los exfeudatarios en forma familiar pequeñas parcelas de vocación agrícola (en promedio, 3,6 ha: 93,7% secano y 6,3% con riego), se reservaron importantes áreas cultivables de mayor productividad, con riego y pasibles de aplicación de tecnología moderna, para ser conducidas empresarialmente. Estas áreas, posteriormente, fueron fraccionadas y redistribuidas entre los conformantes de los grupos campesinos, o convertidas en áreas comunales cuando estos grupos se reconvirtieron en comunidad campesina, mientras que las TPN y bosques fueron de acceso comunitario entre los socios del grupo campesino.

La redistribución de las parcelas dentro del grupo campesino, en muchos de los casos, no fue equitativa ni democrática de acuerdo con los enunciados de Reforma Agraria, pues quienes conformaban ya el grupo de referencia (gestores y líderes al momento de la afectación y adjudicación) se beneficiaron con las mayores y mejores parcelas, en discrepancia y descontento de la mayoría restante:

> [...] porque la ley Reforma Agraria es para los feudatarios, no vienen, no van a venir de otro sitio no, decía. Solamente todos los que han vivido en la hacienda [...] Ese momento era como 60 feudatarios [...] Vivían en la puna como 10 más arriba en Paucayo. Y todos los demás acá abajo. Primero han formado Cooperativa Agraria Virgen de Fátima [...] Cuando los ingenieros vino dijo de que "ya ustedes son dueños" [...] No, no era bueno Cooperativa porque algunos trabajaban, algunos no trabajaban y algunos vendían y no les repartían iguales. Por eso han formado Grupo Campesino. (Entrevista en Rodríguez 2005).

Así se gestaron las premisas de los futuros conflictos internos, persistentes incluso luego de ser reconocidos como comunidad. Martha Rodríguez rescata, en otra entrevista, el testimonio de un campesino beneficiario que resulta sumamente claro respecto de la conversión de grupos campesinos a comunidad reconocida:

> La Reforma Agraria se hizo en 1982. Ahí claro el ingeniero ha venido, entonces nos ha dicho que ustedes pueden, pueden estar ya de Grupo Campesino a Comunidad Campesina, porque ya no va, esto es totalmente afectado. Los hacendados ahora sí mueren ya porque por motivos de jornales que no pagan, explotan mucho a la gente campesina diciendo nos ha explicado por ahí; con una duda todavía estábamos, ingeniera. De ahí poco a poco con vecinos de Tranca primeritos [...] Tranca se ha organizado, la Comunidad Campesina ha entrado ya recién a su atrás, 5 años atrás ya nosotros también hemos solicitado, hemos pasado a la Comunidad Campesina. De ahí el hacendado ya se quitó ya, murió el señor, o sea la señora también ha muerto, su hijo [...] profesor era con eso ya ha abandonado, ya

> quedo por ahí, ya Comunidad ya hemos entrado, ingeniera, de Grupo Campesino a Comunidad, 5 años hemos estado, 6 años con el Grupo Campesino estábamos (¿Y cuando era un Grupo Campesino le dieron a cada uno un pedazo de tierra?) No es que cada persona que queríamos chacras, ya aquí está que hemos ocupado, eso estaba respetado ya todo, nuestra parcela ya. Conformamos como 30 familias activas, cada uno teníamos nuestras parcelas y eso respetamos, Yo tenía, en diferentes sitios tenía, pero ahorita estoy como con 4 hectáreas así o 5 por ahí. (¿A los demás también les toco igual?) A los hombres, o sea a los jefes de las casas. No, no a las mujeres no, a las viudas sí. (Entrevista N.° 10, en Rodríguez 2005)

Los grupos campesinos se reconvirtieron en comunidades campesinas porque encontraron en ellas un referente de continuidad de sus estrategias productivas y de vida para reproducirse como grupo. Esto garantizó la seguridad alimentaria con formas de producción definidas en la economía familiar:

> Los colonos, durante el funcionamiento de las haciendas hasta el proceso de Reforma Agraria, por la vecindad de las tierras asignadas por la hacienda y de sus viviendas, entablaron entre ellos vínculos de parentesco y de amistad por medio de lazos matrimoniales y por relaciones de compadrazgo, las que serán base de intercambio de bienes, servicios y de trabajo entre ellos. (Loayza 1984)

Sin duda, la motivación principal para reconvertirse en comunidad campesina fue la seguridad sobre la propiedad de la tierra; pues, según los campesinos beneficiados, la existencia del grupo campesino no aseguraba plenamente la propiedad de las tierras adjudicadas, tanto individuales como colectivas, frente a los supuestos intentos de expropietarios para recuperar sus predios.

En busca de la comunidad

> Desde que se normó su inscripción (1925) y hasta abril de 1958 solo habían recibido reconocimiento oficial 1519 comunidades. Sin embargo, era posible estimar en más de 4000 las efectivamente existentes, con una población aproximada de 3.500.00 habitantes (32% del total nacional) y en por lo menos 15 millones de hectáreas sus propiedades. De estas, 10 millones tenían aptitud agropecuaria, aunque solo un 10% correspondían a áreas de cultivo y un 90% a pastizales naturales ubicados en la puna, tratándose en ambos casos, salvo excepciones, de áreas agrícolas pobres, es decir de baja productividad. (Matos y Mejía 1980)

El siguiente cuadro resume la importancia y ampliación de los espacios comunales al momento de la Reforma Agraria y dos décadas después, con el cuádruple de comunidades campesinas reconocidas, que tenían el doble del área en su dominio:

Cuadro 52
Progresión del número y superficie
de las comunidades campesinas en el Perú

Año censal	Comunidades (Número)	Superficie (ha)	Superficie agropecuaria (porcentaje)
1972	1344	6.120.781	26,0
1994	5680	14.171.967	39,7

Fuente: INEI Censos nacionales.

En los primeros años de aplicación de la Reforma Agraria con la Ley N.° 17716 (finales de la década de 1960 e inicios de la de 1970), el departamento de Ayacucho presentaba un escenario agrario donde la comunidad ancestral se movilizaba por su reconocimiento legal, seguridad de la tierra y lucha contra las relaciones de trabajo antisociales precapitalistas. Por otra parte, avanzaba el desmembramiento y debilitamiento del sistema de hacienda.

El mundo comunero es sumamente heterogéneo; pero, a partir del reconocimiento de que las actuales comunidades campesinas del departamento de Ayacucho son diversas, se puede sugerir una clasificación en función de sus distintos orígenes: un grupo mantiene su "linaje" de ser ancestros de las antiguas reducciones de indios (por ejemplo, las cuatro comunidades campesinas de Puquio-Lucanas; la comunidad campesina de Quispillaqta, Cangallo); otro grupo es el resultado de la desmembración paulatina de la comunidad madre (como la comunidad campesina de Quinua, que se fragmentó en Qeqra, Suso, Paraqay); y un tercer grupo de comunidades es de origen reciente, post-Reforma Agraria (Coronel et ál. 1990).

Las comunidades indígenas tradicionales, "común de indios" en lenguaje colonial, atravesaban procesos de cambio antes de la Reforma Agraria, debido a diversos factores y a las nuevas leyes que pretendían modernizar el agro en la sierra del país. Entre estos procesos es posible reconocer tres importantes, casi consecutivos:

- La Constitución de 1920, en su art. 58°, reconoció la existencia legal de las comunidades de indígenas, les otorgó personería jurídica y, a partir de 1926, muchas comunidades iniciaron su largo peregrinaje, costoso por cierto, para su reconocimiento legal.
- Intensificación de la articulación de la economía campesina comunera con el mercado gracias al acceso carrozable; se acentuó la diferenciación campesina al interior de las comunidades, surgiendo en ellas grupos de poder, y aumentó la emigración de la población joven hacia la costa, que retornó con propuestas modernizantes.
- Independización de anexos de la comunidad madre.

A pesar de que la comunidad fue la forma más importante de organización y reproducción de las condiciones de existencia de la población en el ámbito rural en la región, casi no se benefició de asignaciones de la Reforma Agraria. Pero se puede confirmar que los beneficiarios de la Reforma Agraria, en la década de 1980, ante los problemas internos en SAIS, CAP y grupos campesinos, sumados a la inasistencia del sector Agricultura, ya consideraban a la comunidad campesina como la alternativa de organización para la seguridad de la propiedad de la tierra:

> La transformación de Grupos Campesinos en Comunidades es un fenómeno que ya dura varios años y que, como estamos señalando, tiene mayor incidencia precisamente en Huamanga, Huanta y La Mar. (Urrutia et ál. 1988)

Cuadro 53
Ayacucho: comunidades campesinas antes de la Reforma Agraria

Provincias	Pre-1969
Huanta	13
La Mar	6
Huamanga	27
Cangallo	24
Vilacahuamán	42
Fajardo	29
Huancasancos	8
Sucre	19
Lucanas	46
Parinacochas	26
Paúcar	12
Total	252

Fuente: INEI Censos nacionales.

Lucanas y Vilcashuamán concentran, en términos absolutos, el mayor número de comunidades campesinas existentes en la región al momento del inicio de la Reforma Agraria. No obstante, la zona del centro departamental (Cangallo y Víctor Fajardo-Huancasancos) destaca como espacio donde la institución comunal es más importante.

Recuérdese que, a partir de 1980, con los decretos ley del segundo gobierno de Belaunde, se dieron por finalizadas las afectaciones a los fundos, y se puso mayor énfasis oficial en el proceso de reconocimiento legal de las nuevas comunidades campesinas.

Véase el resumen de comunidades campesinas reconocidas y tituladas registradas en 2015 según el Directorio Regional en el cuadro 54. Existían, por entonces, 677 comunidades campesinas, de las cuales 483 (71,3%) están tituladas. De acuerdo con la depuración, 252 comunidades campesinas lograron su reconocimiento legal antes de la aplicación de la Reforma Agraria (1969), y 425 organizaciones campesinas fueron reconocidas con posterioridad a la aplicación de la Reforma.

En el Perú, el elevado número de tierras controladas por las comunidades campesinas

> [...] es tanto el resultado de un proceso relativamente reciente de ampliación del acceso a la tierra como del reconocimiento legal de las comunidades. Ambos procesos están asociados a la implementación de la Reforma Agraria en las décadas de 1970-80, y a la posterior reestructuración de las empresas asociativas creadas al amparo de la reforma, sobre todo en el departamento meridional de Puno. En el periodo intercensal de 1972 a 1994 aumentó tanto el número de comunidades campesinas como la proporción del total de tierras de las unidades agropecuarias controladas por estas comunidades. (Del Castillo 2004)

Cuadro 54

Resumen de comunidades campesinas reconocidas y tituladas del departamento de Ayacucho al 2015

N.° orden	Provincia	Total reconocidas	Tituladas	%	N.° de CC. antes de RA	N.° CC con RA
1	Huanta	105	81	77,14	13	92
2	La Mar	58	41	70,69	6	52
3	Huamanga	172	143	83,14	27	145
	Subtotal Norte	335	265	79,10	46	289
4	Cangallo	64	44	68,75	24	40
5	Vilcashuamán	64	46	71,88	42	22
6	Victor Fajardo	41	27	65,85	29	12
7	Huancasancos	8	7	87,50	8	0
	Subtotal Centro	177	124	70,06	103	74
8	Sucre	26	13	50,00	19	7
9	Lucanas	70	45	64,29	46	24
10	Parinacochas	48	24	50,00	26	22
11	Páucar del Sara Sara	21	12	57,14	12	9
	Subtotal Sur	165	94	56,97	103	62
	Total	677	483	71,3	252	425

Fuente: Directorio Regional de Comunidades Campesinas Reconocidas y Tituladas. Dirección de Catastro y Formalización Rural, DRAA. 2015.

En Ayacucho, como se vio anteriormente, las nuevas comunidades campesinas resultantes de la adjudicación de tierras por la Reforma Agraria o de la venta de fundos fragmentados a los arrendatarios o yanaconas, duplicaron en número a las comunidades que pueden denominarse ancestrales, cuyo origen se remonta en algunos casos hasta la época colonial. Como se señaló anteriormente, se deben añadir al universo comunero las comunidades surgidas de la independización de anexos de una "comunidad madre".

Gráfico 4
Comunidades campesinas antes y después de la Reforma Agraria

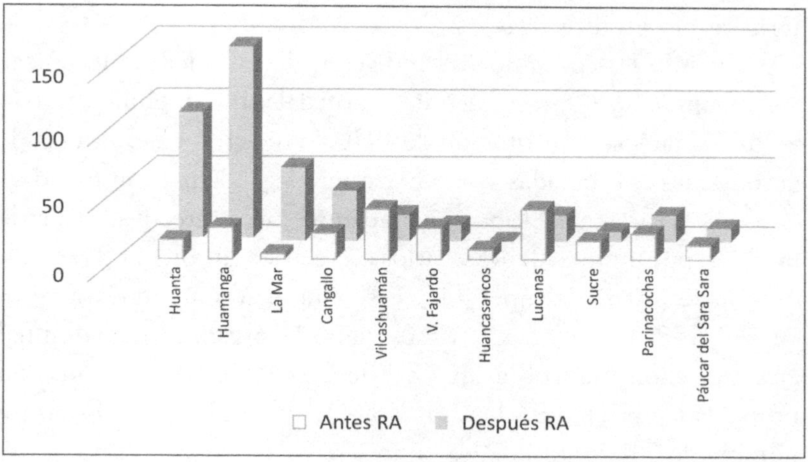

Elaboración propia.

Sin embargo, no es objetivo de este estudio presentar o analizar las características de un universo tan complejo como el de las comunidades campesinas del Perú de hoy, tan difícilmente clasificables en una tipología estandarizada, dado que las diferencias son mayores que las coincidencias entre ellas. Se puede, apenas, señalar que la gran mayoría de las comunidades están conformadas por familias extensas, que se explican por complejas redes de parentesco, relaciones de linaje y también por parcialidades.

Según Laureano Del Castillo (2004), tal como igualmente se muestra a lo largo de las presentaciones provinciales, dos pueden ser las etapas más importantes de las formas de gobierno comunal a lo largo de su historia en el siglo XX: en primer lugar, el régimen de los envarados, instaurado durante la Colonia y vigente aún en algunas pocas zonas, como en el caso de las punas de Huanta que se citaron; en segundo lugar, el régimen de las directivas comunales que se estableció en la República a partir de la Constitución de 1920, pero que adquirió formatos distintos hasta las actuales características de sus directivas.

Cuando las comunidades indígenas de los años veinte iniciaron sus procesos de reconocimiento oficial, en cumplimiento con lo que dictaba la Constitución de 1920, lo hicieron en el sistema de autoridades encabezadas por el personero legal de la comunidad. A esta cabeza dirigencial la acompañaba una junta directiva integrada también por un presidente y varios secretarios (Robles 2004).

En resumen, es innegable, si se cita el último censo agropecuario de 2012, el peso que hoy tiene la organización comunal en Ayacucho, pues sobre un total de 2.246.984 ha manejadas en propiedad por 113.493 UA, el 80% (1.789.682) está registrado a nombre de 581 comunidades campesinas.

Conclusiones
¿Éxito o fracaso? La región después de la Reforma Agraria

Esta investigación surgió de la intención de copar el vacío que puede constatarse en la realización de escasos estudios acerca de la Reforma Agraria en regiones de incidencia menor del proceso, como es el caso del departamento de Ayacucho. El énfasis de los estudios sobre la Reforma Agraria en Perú se ha centrado, por una parte, en los grandes latifundios y las medianas propiedades costeñas y, por la otra, en las haciendas ganaderas, sobre todo en la región central y el altiplano puneño, que tiene además una reforma agraria complementaria de reestructuración de la tierra empresarial.

Se debe reconocer como punto de partida el movimiento de *arrendires* en los valles de La Convención y Lares, en Cusco, el cual aceleró las decisiones de los sectores gobernantes y obligó a la Junta Militar a dictar la primera ley de bases para una reforma agraria en aquella zona.

Paradójicamente, fue el siguiente gobierno militar, encabezado por el general Juan Velasco, el que aplicaría lo que para muchos ha sido la reforma agraria más radical del continente en términos de expropiación y liquidación de los grandes latifundios y la anulación política de los sectores sociales y empresas vinculados a ellos.

Decretada en junio de 1969 con el famoso eslogan "Campesino, el patrón no comerá más de tu pobreza", con la aplicación de la ley entre 1970 y la década de 1980 fueron expropiadas ("compradas" sería el termino correcto) alrededor de ocho millones de hectáreas de cientos de predios en todo el territorio nacional.

Cuadro 55
Distribución de tierras adjudicadas según tipo de tierra y región natural en miles de hectáreas simples y estandarizadas (al 30 de septiembre de 1979)

	Costa		Sierra		Selva		Total	
	Miles ha	%	Miles ha	%	Miles ha	%	Miles ha	%
Riego	397,9	77,7	112,9	22,0	1,3	0,3	512,1	100,0
Secano	36,2	5,1	539,0	76,2	131,8	18,7	707,0	100,0
Pastos naturales	406,0	6,8	5429,0	90,6	155,0	2,6	5990,0	100,0
Marginales	218,9	20,1	828,0	76,2	40,1	3,7	1087,0	100.0
Total ha simples	1059,0	12,7	6908,9	83,3	328,3	4,0	8296,1	100,0
Total Ha. estandarizadas	411,1	58,5	250,0	35,6	41,2	5,9	702,3	100,0

Fuente: Caballero y Álvarez 1980.

Al redondear cifras, se observa 1.000.000 de ha en la costa y casi 7.000.000 en la sierra. Pero el área costeña es un espacio que incluye casi 400.000 ha regadas, mientras que en la sierra el riego abarca solo 113.000 ha frente a 5.500.000 de pastos naturales.

Numerosas investigaciones han coincidido en señalar que las formas asociativas impuestas por la Reforma Agraria, basadas centralmente en modelos cooperativistas, eran inviables, y en el presente estudio se ha reunido evidencia empírica suficiente para reforzar esta suerte de consenso sobre el modelo de la Reforma Agraria aplicado hace ya medio siglo.

El departamento de Ayacucho fue declarado zona de Reforma Agraria el 18 de febrero de 1970, y en una década de afectación de predios fueron intervenidos 703 haciendas y fundos, con un total de 326.368 ha, cifra que representa apenas el 4% del territorio expropiado a escala nacional. De este total departamental, 208.336 ha que tenían aptitud agrícola fueron entregadas a las CAP, grupos campesinos, comunidades campesinas, instituciones públicas, etc.

Las tres provincias norteñas —Huanta, Huamanga, La Mar— prácticamente concentraban el reducido grupo de grandes haciendas, algunas de las cuales serían convertidas en CAP. En cifras, esa concentración se expresa en el 86% de las tierras intervenidas por la Reforma Agraria que se ubicaban en las provincias norteñas, que reunían el 67% de predios registrados en todo el departamento. Siendo más explícitos, Huanta congregaba el 25% de toda la tierra intervenida por la Reforma Agraria; en La Mar ese porcentaje fue mayor, 34%; mientras que en Huamanga se registró la mayor cantidad de predios expropiados en todas las provincias (197), que equivalían a 27% de la tierra expropiada.

Se recalca que el territorio ayacuchano no dispone de valles ni llanuras amplias en altitudes adecuadas para la agricultura extensiva, salvo la cuenca del río Apurímac. En cambio, las pampas se suceden en la puna, facilitando la crianza ganadera. Tras descontar entonces la yunga del río Apurímac en su trayecto ayacuchano, no considerada en los objetivos de la Reforma Agraria, los tres principales valles existentes concentraron la mayor cantidad de predios expropiados: el valle del río Torobamba, en la provincia de La Mar; el valle de Huanta y el valle del Pampas, en la provincia de Huamanga; es decir las tres provincias donde se concentraban los mayores predios afectados por la Reforma Agraria.

Además de las características topográficas, es preciso recordar que gran parte del territorio regional era (y es) un territorio de propiedad y uso de las comunidades indígenas/campesinas, hegemónicas en las provincias del centro y sur departamental.

A lo largo de la investigación se han tratado de mostrar los procesos que parecen centrales en la configuración del panorama agrario que encontró la Reforma Agraria en Ayacucho. Entre esos procesos, destaca la fragmentación y la consiguiente compraventa de fundos, que si bien tenía larga data, se aceleró en la década de 1960 por dos razones centrales: la crisis económica de los propietarios y, complementariamente, la inminencia de la Reforma Agraria. También en la misma década algunas comunidades campesinas indígenas de extensión distrital, como Quinua, registraron un proceso de desmembramiento de sus pagos o anexos.

Sobre todo en las provincias norteñas, era común en muchos fundos la explotación de la tierra utilizando formas de trabajo precapitalistas que se podrían agrupar, en la mayoría de los casos, con la definición de yanaconazgo. Uno de los logros más importantes en la región, junto con la entrega de tierras a grupos campesinos, fue precisamente la eliminación de estas formas abusivas de relación laboral.

En las primeras décadas del siglo XX, la producción triguera y cocalera, la venta de fibra de camélidos u ovinos, y la comercialización de vacunos en pie eran, en la región, los productos más importantes. Pero ninguno de ellos incentivó el acaparamiento de tierras; lo prueba la fragmentación de haciendas graficada, por ejemplo, en los alrededores de la ciudad de Huamanga donde a inicios del siglo XX había más predios que una centuria atrás. Paralelamente, en el mismo lapso, se puede constatar el aumento de diversas formas de arriendo de predios parcelados para ello.

Las vías de comunicación son vitales para entender las modificaciones en la articulación regional. En primer lugar, desde 1924, la "carretera de la muerte", como bautizaron los contemporáneos a la vía Huancayo-Huamanga por La Mejorada, siguiendo el curso del Mantaro, hizo que el departamento de Ayacucho no pudiera competir con los productos agrícolas similares provenientes del centro del país, además de recibir productos industriales en cantidades mayores a las trasladadas por arrieros anteriormente. Algunos años después, el circuito ganadero Andahuaylas-Puquio-Lomas, existente desde siglos anteriores, se reforzaría con la construcción de la carretera Puquio-Nasca, construida por los cuatro barrios indígenas de Puquio en una competencia casi ritual; con ello se desenganchó Lucanas, con sus punas y sus cabezadas, de la hegemonía huamanguina.

Se ha dividido la región en tres espacios con algunas características distintivas, pues como se dijo al inicio de la presente publicación, se trata de diferenciar zonas de aplicación de la Reforma Agraria, vinculando las afectaciones de predios con procesos en curso al momento de la intervención de los funcionarios reformistas.

La zona norte agrupa las provincias más relevantes en tierra expropiada, en cooperativas organizadas y en mayor número de grupos campesinos beneficiarios, convertidos luego en comunidades campesinas.

Por diferentes razones (créditos, hipotecas, mano de obra, agua de regadío, sequías, plaga de langostas, etc.), las haciendas y fundos del valle de Huanta habían perdido mucho de su valor, y apenas 16% de las tierras de labranza estaban habilitadas con cultivos. Distinta era la situación en el espacio de mayor altitud de la provincia, que reunía haciendas tradicionales de propietarios o arrendatarios rentistas sostenidos por el trabajo de la población indígena a cambio de su acceso a pastos y porciones de tierra.

En Huamanga, la fragmentación paulatina de propiedades de mayor extensión desde varias décadas atrás generó una presencia amplia de decenas de pequeños fundos, donde las relaciones laborales precapitalistas eran característica común. Como se dijo alguna vez, en este mar de haciendas navegaban algunas comunidades tradicionales, pero luego de la Reforma Agraria sería esta provincia la que registraría la mayor cantidad de comunidades campesinas reconocidas, como producto de la conversión de grupos campesinos en organización comunal.

Si bien el departamento de Ayacucho fue declarado zona de Reforma Agraria a inicios de la década de 1970, la afectación de predios por la Reforma Agraria en La Mar recién se ejecutó desde 1975. En esta provincia, la antigua hacienda jesuita de Ninabamba, a lo largo del valle del río Torobamba fue, al momento de la Reforma Agraria, el espacio ocupado por un puñado de haciendas, consideradas entre las mayores y mejores de toda la región. El territorio vecino de Anco y Chungui agrupaba, por el contrario, diversas comunidades indígenas de zonas altas pero con acceso también a la selva del río Apurímac. Estas mismas comunidades se convertirían, en las primeras décadas del siglo XX, en el actor principal de diversos movimientos de protesta contra medidas fiscales y también contra el orden gamonal. Fue en La Mar, entre los ríos Apurímac y Pampas, que se ubicaba la inmensa hacienda de Chapi (¡más de 33.000 ha!), la mayor en todo el departamento.

Se han agrupado en la zona central las primigenias provincias de Cangallo y Víctor Fajardo, y las de posterior creación, Vilcashuamán y Huancasancos, considerando el conjunto como un espacio donde predomina la organización comunal y la hacienda es más bien la forma minoritaria de propiedad de la tierra. Sin embargo, en este espacio destaca particularmente el distrito de Los Morochucos, en Cangallo, donde no existía ninguna comunidad junto a algunos fundos de altura; pero después de la Reforma Agraria se reconocieron 18 comunidades en ese ámbito de exhaciendas.

El mundo comunero vivió otras transformaciones. Por ejemplo, en la importante comunidad de Sancos, que sería luego centro de una provincia, la comunidad acordó en 1917 prohibir la propiedad familiar de las tierras en descanso convertidas en pastos dentro de la rotación de cultivos; algunas décadas después, además de "comunalizar" las tierras asignadas a las cofradías, otro acuerdo comunal permitiría la apropiación familiar de las mismas tierras prohibidas de parcelar en 1917.

En la zona sur, Lucanas (incluyendo la provincia de Sucre, creada en 1986) y Parinacochas (sumando Páucar del Sara Sara) representan prácticamente la mitad del territorio departamental. Solo Lucanas dispone de alrededor de la tercera parte del espacio regional, en gran proporción territorios de pampas de altura y pastizales, que sostienen una importante crianza ganadera. La presencia e independencia de las comunidades indígenas fue consecuencia lógica de la propiedad que ejercían sobre la mayor parte del territorio, y del ejercicio autónomo de sus autoridades. Paralelamente, el espacio provincial se articuló en un eje ganadero que, desde el siglo XIX hasta mediados del XX, acopiaba ganado y lo engordaba en alfalfares de las cabezadas, para luego comercializarlo en la costa.

Este eje ganadero en Lucanas fue paralelo al eje lanero articulado en la provincia de Parinacochas con base en la demanda de fibra de camélidos, cuyo auge persistió hasta la década de 1920, en la cual esta actividad se transformó en el comercio de vacunos engordados igualmente en la provincia con alfalfares casi inéditos anteriormente en la provincia.

El mayor reconocimiento de comunidades luego de la aplicación de la Reforma Agraria no se explica exclusivamente por la transformación de grupos campesinos beneficiarios en comunidades, tal como sucedió en las provincias norteñas, sino que también se explica por el desmembramiento de anexos independizados de la comunidad madre.

Un balance del proceso de afectación no puede obviar, además de los procesos que se han descrito, las artimañas de diversos propietarios para evitar ser afectados utilizando sus lazos de "amistad" con encargados de la Reforma Agraria; igualmente, no se puede dejar de señalar la diferenciación campesina generada por el acceso desigual a las tierras asignadas, basándose en la extensión trabajada por cada familia yanacona al momento de la afectación. Según Ponciano Del Pino (2017), los conflictos interfamiliares existentes en Uchuraccay fueron exacerbados por la Reforma Agraria, lo que se mezcló luego con la presencia de Sendero Luminoso en la comunidad.

Escapa a esta investigación explicar la posible incidencia de la Reforma Agraria en la gestación y desarrollo del conflicto armado interno que se originó en esta región. ¿Cuál es la relación entre comunidades y grupos campesinos beneficiados por la entrega de tierras y la aceptación o rechazo de los grupos senderistas? Los campesinos no fueron, en la región, víctimas situadas entre dos fuegos; puesto que, además de los múltiples conflictos intracomunales, por no decir interfamiliares, originados por el desigual acceso a los recursos, se ha señalado que, en algunas zonas, mientras alguna comunidad apoyó a las columnas senderistas, las comunidades colindantes las rechazaron precisamente como corolario de tensiones y conflictos anteriores entre ellas.

¿Qué influencia tuvieron el reparto de tierras y la organización de beneficiarios en comunidades en la opción de aquellas acciones de rechazo o apoyo? Como sucede siempre, la realidad es mucho más compleja y limita los esfuerzos de sistematización. Entre otras consecuencias, la Reforma Agraria no solo contribuyó a liquidar las relaciones de trabajo tradicionales, sino que configuró un escenario regional comunal, en el cual, según algunos investigadores, comuneros ronderos impidieron la expansión de Sendero Luminoso, diluyendo así el apoyo inicial de diversas comunidades a las propuestas de este partido. En efecto, si los senderistas reemplazaron el supuesto e inexistente "enemigo principal" —es decir, el "gamonal feudal"— por otros objetivos, principalmente campesinos "ricos" —además de autoridades comunales y políticas locales—, con lo que lograron un apoyo inicial de algunas comunidades, también generaron el posterior rechazo de esta población comunera, que optó por organizarse en rondas para eliminar la presencia de las huestes subversivas en su territorio, con lo que evitaron las represalias de los destacamentos militares.

Si se desea realizar un balance a largo plazo de las secuelas más importantes en la modificación de acceso a la tierra generado por la Reforma Agraria, parece pertinente cerrar la presente investigación presentando algunos datos relevantes del censo agropecuario de 2012. Al igual que prácticamente en toda la sierra, en el departamento de Ayacucho la preponderancia de UA con tierras de dimensiones sumamente reducidas es una constante, pues entre 1961 y 2012, el alto porcentaje de UA con propiedad hasta 5 ha apenas ha variado:

Cuadro 56
Ayacucho: unidades agrarias con 5 hectáreas y menos

Unidades agrarias hasta 5 ha			
1961	1972	1992	2012
55.439	86.140	69.888	97.798
87%	85%	80%	88%

Fuente: INEI 2012.

Nuevamente se puede apreciar la mayor concentración de UA en las mismas provincias norteñas donde la Reforma Agraria originó tanto el reconocimiento de comunidades del espacio total para el grupo, como la apropiación individual de parcelas al interior de ese territorio. El censo de 2012 arrojó las siguientes cifras de distribución de la tierra por UA en las diferentes provincias, con la misma preponderancia de UA menores de 5 ha en las provincias norteñas, en las cuales precisamente hubo más haciendas intervenidas. Pero igualmente, sobre todo en Huamanga y Huanta, el número de propiedades mayores de 500 ha es significativo, y se supone que se trata de predios pertenecientes a las comunidades.

Cuadro 57
Ayacucho: tamaño de unidades agrarias por provincia

UA	Huamanga	Huanta	La Mar	Cangallo	Vilcashuamán	V. Fajardo	Huancasancos	Lucanas	Sucre	Parinacochas	Páucar del Sara Sara
Total	21.730	20.396	17.436	9194	5623	8786	4738	12.974	2931	6222	3463
Menos de 1	7824	9622	5329	4024	3988	5590	1449	3718	2172	1987	1688
De 1 a 5	11.424	8420	9494	4468	1433	2751	2736	6612	686	2803	1404
De 5 a 10	1693	1528	1872	498	142	245	160	1470	36	658	240
De 10 a 20	483	570	593	145	26	136	113	630	11	348	82
De 20 a 100	199	174	121	35	13	42	186	378	10	273	26
Más de 100	71	20	14	10	14	7	76	92	7	104	14
De 500 a más	36	62	13	14	7	15	18	74	9	49	9

Fuente: INEI 2012.

Es importante recordar siempre la dicotomía entre propiedad familiar/propiedad colectiva, que se reafirma en las cifras censales cuando se establece que el 85% de la tierra registrada remite, principalmente, a pastizales pertenecientes a comunidades campesinas en propiedades que superan las 500 ha.

Cuadro 58
Extensión de tierras registradas

Hectáreas	1961	1972	1992	2012	sup
Total	63.841	101.032	87.263	111.604	2.208.229
Menos de 1	20.387	33.640	25.098	47.407	19.737
De 1 a 5	35.052	52.500	44.790	50.391	104.633
De 5 a 10		8954	10.009	8517	16.626
De 10 a 20		3335	4217	3095	39.973
De 20 a 100		1956	2232	1459	54.150
Más de 100		647	917	429	92.509
De 500 a más	141			107	1.880.600

Fuente: INEI 2012.

A lo largo del texto se ha resaltado el importante peso de las comunidades campesinas en el ordenamiento regional. El siguiente cuadro ratifica esas apreciaciones, pues la mayoría de las provincias declaran que su territorio es propiedad de las comunidades campesinas. Merece, sin embargo, resaltarse el bajo porcentaje de propiedad comunal en la provincia de Huancasancos (20%), a pesar de ser la única provincia donde la Reforma Agraria prácticamente no intervino, pues solo existían comunidades en ella a inicios de 1970. Este dato remite a procesos de privatización y diferenciación interna de larga data, como se señaló anteriormente en el acápite provincial correspondiente.

Cuadro 59
Ayacucho 2012: Comunidades y área comunal

	UA	Área total	Área comunidades campesinas	Comunidades campesinas	% hectáreas comunidades campesinas
Huamanga	21.730	131.048	68.930	143	53
Huanta	20.396	221.046	178.118	106	81
La Mar	17.436	140.348	77.625	30	55
Cangallo	9194	69.095	52.716	52	76
Vilcashuamán	5623	20.811	11.041	26	53
V. Fajardo	8786	74.294	61.140	37	82
Huancasancos	4738	59.812	12.162	10	20
Lucanas	12.974	921.890	816.062	80	89
Sucre	2931	56.806	53.150	22	94
Parinacochas	6222	412.337	332.089	48	81
Páucar	3463	139.497	126.649	27	91
Total	113.493	2.246.984	1.789.682	581	80

Fuente: INEI 2012.

ANEXOS

Cuadro 60
Evolución de la poblacion de Ayacucho, 1940-1981

1940	1961	1972	1981
16.642	24.836	43.075	69.533

Gráfico 5
Evolución de la poblacion de Ayacucho, 1940-1981

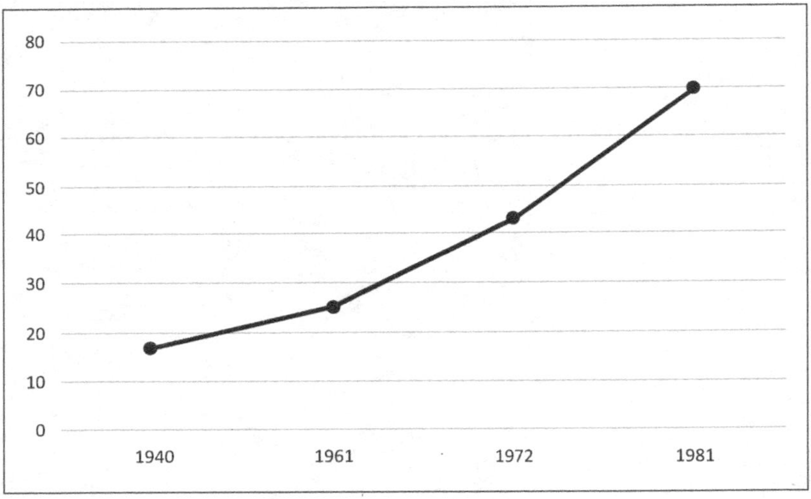

Cuadro 61
Población rural por provincias, 1972-1993

Provincia	1972		1981		1993	
	Rural	% rural	Rural	% rural	Rural	% rural
Huamanga	50.690	51,0	56.484	43,0	52.452	32,1
Cangallo	29.174	80,2	28.817	79,2	25.698	76,0
Huancasancos	7707	73,8	7973	73,9	5666	55,5
Huanta	54.047	82,7	60.346	81,8	38.923	60,3
La Mar	55.953	89,2	65.642	88,2	49.869	71,2
Lucanas	38.400	60,3	32.850	53,7	31.366	56,2
Parinacochas	17.231	68,2	15.865	63,4	12.588	55,3
Páucar	7894	70,6	5901	54,8	4906	48,4
Sucre	9354	59,3	8283	57,0	7019	55,6
Víctor Fajardo	9539	28,1	11.259	34,5	11.127	41,1
Vilcashuamán	26.915	80,8	26.284	80,6	16.119	72,3
Total rural	306.904	67,1	319.704	63,5	255.733	51,9
Urbana	150.537	32,9	183.688	36,5	236.774	48,1

Fuente: INEI Censos nacionales.

Bibliografía

Tesis en la Universidad Nacional de San Cristóbal de Huamanga-UNSCH sobre comunidades campesinas, latifundios, Reforma Agraria

Arquiñego, M., J. Barreto, G. Chipana

1978 *Estructura económica social de la comunidad de Canchacancha.* Tesis de Antropología. Huamanga: UNSCH, Facultad de Ciencias Sociales.

Bendezú, Victoriano y Melecio Hinostroza

1976 *La comunidad de Atacocha y la aplicación de Reforma Agraria en Ccayarpachi.* Trabajo de investigación para optar al grado de Bachiller en Antropología Social. Huamanga: Universidad Nacional de San Cristóbal de Huamanga, Facultad de Ciencias Sociales.

Buitrón Escriba, Jhony

2001 *Crisis, haciendas y movimientos políticos en el valle de Pampas, sector Ninabamba Aysarca (1920-1980).* Huamanga: Universidad Nacional de San Cristóbal de Huamanga, Facultad de Ciencias Sociales.

Cáceres, Abelino et ál.

1975 *Estructura económico-política del distrito de Tambillo. Trabajo de investigación para optar al grado de Bachiller en Antropología.* Huamanga: Universidad Nacional de San Cristóbal de Huamanga, Facultad de Ciencias Sociales.

CARRILLO, Fortunato y Félix HUAMANÍ
1975 *El latifundio feudal en Acos Vinchos*. Trabajo de investigación para optar al grado de Bachiller en Antropología. Huamanga: Universidad Nacional de San Cristóbal de Huamanga, Facultad de Ciencias Sociales.

CHÁVEZ, Máximo
1988 *Pomacocha: Un Caso de vía campesina 1945-1970*. Tesis para optar al grado de Bachiller en Antropología. Huamanga: Universidad Nacional de San Cristóbal de Huamanga, Facultad de Ciencias Sociales.

CONTRERAS, Víctor
1982 *Chirapa. De latifundio a cooperativa*. Huamanga: Universidad Nacional de San Cristóbal de Huamanga, Facultad de Ciencias Sociales.

CORTEZ, Marcelino
1975 *Análisis del latifundio en el distrito de Chumpi*. Trabajo de investigación para optar al grado de Bachiller en Antropología. Huamanga: Universidad Nacional de San Cristóbal de Huamanga, Facultad de Ciencias Sociales.

CUADROS, Gregorio y Angel CORNEJO
1981 *La Viñaca: un caso de reforma agraria (1971-1974)*. Trabajo de investigación para optar al grado de Bachiller en Antropología Social. Huamanga: Universidad Nacional de San Cristóbal de Huamanga, Facultad de Ciencias Sociales.

CUENTAS, Manuel
1981 *Estudio socioeconómico del grupo campesino "Espíritu Santo"*. Trabajo de investigación para optar al título de Antropólogo Social. Huamanga: Universidad Nacional de San Cristóbal de Huamanga, Facultad de Ciencias Sociales.

GELDRES, Alfonso y Abraham VERGARA
1981 *Realidad socioeconómica de la cooperativa de producción Gervasio Santillana Ltda. N.° 2-8-VI-Huanta*. Trabajo de investigación para optar al grado de Bachiller en Antropología Social. Huamanga: Universidad Nacional de San Cristóbal de Huamanga, Facultad de Ciencias Sociales.

GODOY, Ramón

1977 *Análisis de la CAP Basilio Auqui Ltda. N.° 270 Huamanga.* Huamanga: Universidad Nacional de San Cristóbal de Huamanga, Facultad de Ciencias Sociales.

GÓMEZ, Melecio

1976 *Estructura económico social de Incuyo, capital del distrito de Puyusca.* Trabajo de Investigación para optar al grado de Bachiller en Antropología Social. Huamanga: Universidad Nacional de San Cristóbal de Huamanga, Facultad de Ciencias Sociales.

GONZALES, Marcial

1982 *De cofradía a empresa comunal de Huancasancos (1953-1981).* Tesis. Huamanga: Universidad Nacional de San Cristóbal de Huamanga.

LOAYZA, Carlos

1984 *Las comunidades campesinas en contexto de ex haciendas (San Miguel-La Mar).* Tesis. Huamanga: Universidad Nacional de San Cristóbal de Huamanga.

LOAYZA, Carlos y Alejandro MUÑINCO

1982 *La Mar: terratenientes y poder local 1861-1920.* Tesis. Huamanga: Universidad Nacional de San Cristóbal de Huamanga.

LUJÁN, Cipriano

1981 *La pequeña propiedad en Cangari-Huanta.* Tesis en Antropología. Huamanga: Universidad Nacional de San Cristóbal de Huamanga.

MAYHUA, Félix

1977 *Estudio de la estructura económica social de la capital del distrito de Lampa.* Informe de investigación para optar al grado de Bachiller en Antropología Social. Huamanga: Universidad Nacional de San Cristóbal de Huamanga, Facultad de Ciencias Sociales.

MONTOYA, Víctor

1982 *El sistema productivo en el distrito de Pararca (1950-1981).* Informe de investigación para optar al grado de Bachiller en Antropología Social. Huamanga: Universidad Nacional de San Cristóbal de Huamanga, Facultad de Ciencias Sociales.

MOROTE, Osmán

1970 *La lucha de clases en las partes altas de Huanta (zona de Santillana).* Informe de Investigación para optar al grado de Bachiller en Antropología. Huamanga: Universidad Nacional de San Cristóbal de Huamanga, Facultad de Ciencias Sociales.

PALOMINO, Víctor

1982 *Quispillacta y la empresa comunal.* Tesis. Huamanga: Universidad Nacional de San Cristóbal de Huamanga.

PARIONA, Walter y Elías OCHOA

1983 *Cambios de la estructura latifundista y la reforma agraria en el distrito de Ocobamba.* Tesis. Huamanga: Universidad Nacional de San Cristóbal de Huamanga.

PECHO, Adolfo

1975 *La cooperativa agraria de producción "Mariscal Cáceres" Ltda. N.° 248 en un proceso de desintegración. Informe de Seminario de Investigación II (AN-510).* Huamanga: Universidad Nacional de San Cristóbal de Huamanga, Facultad de Ciencias Sociales.

PERALTA, Filomeno

1981 *Cambios en la estructura política en la comunidad de Huamanguilla 1950-1980.* Informe para optar al grado de Bachiller en Antropología. Huamanga: Universidad Nacional de San Cristóbal de Huamanga, Facultad de Ciencias Sociales.

SOLIER, Ciro

1982 *La religión en la comunidad de Rancha.* Tesis. Huamanga: Universidad Nacional de San Cristóbal de Huamanga.

SOTO, Betzabé

1977 *Aplicación de la ley de reforma agraria en Chupas.* Trabajo de investigación para optar al grado de Bachiller en Antropología. Huamanga: Universidad Nacional de San Cristóbal de Huamanga, Facultad de Ciencias Sociales.

TAPIA, Carlos

1968 *El latifundio en Socos Vinchos.* Tesis para optar al grado de Ingeniero Rural. Huamanga: Universidad Nacional de San Cristóbal de Huamanga.

Zárate, Ingilberto

1993 *Reforma agraria y tenencia de tierras en la provincia de Lucanas (1969-1980)*. Trabajo de investigación para optar al grado de Bachiller en Antropología Social. Huamanga: Universidad Nacional de San Cristóbal de Huamanga, Facultad de Ciencias Sociales.

Libros y artículos

Arguedas, José María

1983 *Obras completas*, tomo I. Lima: Editorial Horizonte.

1985 *Indios, mestizos y señores*. Lima: Editorial Horizonte.

Bejar, Héctor

1973 *Las guerrillas de 1965: balance y perspectiva*. Lima: Peisa.

Burga, Manuel y Alberto Flores Galindo

1980 "Feudalismo andino y movimientos sociales (1866-1965)". En *Historia del Perú*, tomo XI. Barcelona: Editorial Mejía Baca.

Caballero, José María

1984 "Agricultura peruana y campesinado: balance de la investigación reciente y patrón de evolución". *Apuntes*, N.° 14.

Caballero, José María y Elena Álvarez

1980 *Aspectos cuantitativos de la Reforma Agraria, 1969-1979*. Lima: Instituto de Estudios Peruanos.

Caravedo, Baltazar

1980 "Economía, producción y trabajo (Perú, siglo XX)". En *Historia del Perú*, tomo VIII. Barcelona: Editorial Mejía Baca.

Chati, Guido

2015 "Historia y memoria campesina: silencios y representaciones sobre la lucha por la tierra y la represión en Ongoy". *Rev. Anthropologica*, vol. 33, N.° 34.

Choque, Dagoberto

2002 *Mercado interno, burguesía y sociedad civil. Coracora-Chala-Lima (1900-1950)*. II Encuentro Metropolitano de Jóvenes Investigadores Sociales. Universidad Nacional Mayor de San Marcos.

Comisión de la Verdad y Reconciliación-CVR

2003 *Informe final.* Lima: Comisión de la Verdad y Reconciliación.

Comité de Cooperativas de Ayacucho

1987 *Por nuestra conversión a comunidades campesinas.* Ayacucho.

Coronel, José

1996 "Violencia política y respuestas campesinas en Huanta". En Degregori, Carlos Iván, ed., *Las rondas campesinas y la derrota de Sendero Luminoso.* Lima: Instituto de Estudios Peruanos-Universidad Nacional de San Cristóbal de Huamanga.

Coronel, José, Carlos Loayza, Rosario Pérez y Germán De la Cruz

1990 *Estudio comparativo de comunidades campesinas altoandinas: Ayacucho.* Centro Internacional de Investigaciones para el Desarrollo (CIID); Asociación Peruana para el Fomento de las Ciencias Sociales (Fomciencias).

De La Bandera, Damián

1881 [1557] "Relación general de la disposición y calidad de la provincia de Guamanga". En *Relaciones geográficas de Indias*, tomo I. Madrid.

Degregori, Carlos Iván

2007 "¿Por qué apareció Sendero Luminoso en Ayacucho? El desarrollo de la educación y la generación del 69 en Ayacucho y Huanta". En Anne Pérotin-Dumon, dir., *Historizar el pasado vivo en América Latina.* Santiago de Chile: Universidad Alberto Hurtado, Centro de Ética. Recuperado de: <http://www.historizarelpasadovivo.cl/es_prologo.html>.

Del Castillo, Laureano

2004 *La titulación de tierras de propiedad de comunidades campesinas en el Perú.* Lima: Centro Peruano de Estudios Sociales; FAO.

Del Pino, Ponciano

1994 *Guerra, poder y campesinado: Ayacucho, 1879-1886.* Huamanga: Universidad Nacional de San Cristóbal de Huamanga.

2017 *En nombre del Gobierno. El Perú y Uchuraccay: un siglo de política campesina.* Lima y Juliaca: La Siniestra Ensayos, Universidad Nacional de Juliaca.

Díaz Martínez, Antonio

1985 *Ayacucho: hambre y esperanza.* Lima: Mosca Azul Editores.

Directorio Comunidades Campesinas del Perú

2016 *Sistema de información sobre comunidades campesinas del Perú.* Lima: Centro de Estudios Regionales Andinos Bartolomé de Las Casas; Centro Peruano de Estudios Sociales.

Eguiguren, Luis Antonio

2015 [1914] *La revolución de 1814 en la ciudad del Cusco.* Cusco: Dirección Desconcentrada de Cultura.

Favre, Henri

1985 "El mundo andino en tiempos de Bolívar: los asto entre 1780 y 1830". *Revista del Museo Nacional*, t. XLVII. Lima.

García, Miguel

2018 *Chumbes, pueblo con tradición cultural.* Recuperado de: <http://www.monografias.com/trabajos93/chumbes-pueblo-tradicion-cultural-ayacucho-peru/chumbes-pueblo-tradicion-cultural-ayacucho-peru2.shtml#ixzz58dEmKy2v>.

Gálvez, Modesto y Lucía Cano

1974 *El sistema latifundista en Huamanga, Ayacucho.* Tesis para optar al grado de bachiller en Antropología. Lima: Universidad Nacional Mayor de San Marcos.

Huamantinco, Francisco

1979 *Andahuaylas: reforma agraria y campesinado.* Huamanga: Universidad Nacional de San Cristóbal de Huamanga.

Instituto Nacional de Estadística e Informática-INEI

1994 *Cenagro.* Lima: I Instituto Nacional de Estadística e Informática.

2012 VI Censo Nacional Agropecuario. Disponible en: <http://censos.inei.gob.pe/Cenagro/redatam/>.

Landa, Ladislao

1995 *La familia campesina en el período de la violencia. El ejemplo de Paca y Coracora en Ayacucho.* Tesis de Maestría. Flacso.

LLAMOJHA, Manuel y Jaymie HEILMAN
2016 *Now Peru is mine: The life and times of a campesino activist.* Durham y Londres: Duke University Press.

MALETTA Héctor y Alejandro BARDALES
1985 *Perú: las provincias en cifras, vol. I. Población y Migraciones.* Lima: Amidep, Universidad del Pacífico.

MATOS MAR, José y José Manuel MEJÍA
1980 *La Reforma Agraria en el Perú.* Lima: Instituto de Estudios Peruanos.

MAYER, Enrique
2009 *Cuentos feos de la Reforma Agraria peruana.* Lima: Instituto de Estudios Peruanos.

MÉNDEZ, Cecilia
2014 *La república plebeya. Huanta y la formación del Estado peruano, 1820-1850.* Lima: Instituto de Estudios Peruanos.

MONGE, Carlos
1989 "La Reforma Agraria y el movimiento campesino". *Debate Agrario,* N.° 7. Lima: Cepes.

MONTOYA, Rodrigo
1980 *Capitalismo y no capitalismo en el Perú. Un estudio histórico de su articulación en un eje regional.* Lima: Mosca Azul Editores.

NAGANOMA, Claudia
2012 "Procesos de formación y transformación de comunidades campesinas. Los casos de San Antonio de Cuchucancha y Chalco, Ayacucho". En Alejandro Diez Hurtado, ed., *Tensiones y transformaciones en comunidades campesinas.* Lima: Pontificia Universidad Católica del Perú, Cisepa.

O'HIGGINS, Demetrio
1953 [1804] "Informe del Intendente de Huamanga D. Demetrio O´Higgins al Ministro de Indias D. Miguel Cayetano Soler". En Juan, Jorge y Antonio de Ulloa, *Noticias sueltas de América.* Buenos Aires: Ed. Mar Oceánico.

PEREYRA, Nelson

2015 "Los campesinos de Ayacucho y la guerra del Pacífico: reflexiones desde (y sobre) la teoría de los estudios subalternos". *Diálogo Andino*, N.° 48. Arica.

QUINTANILLA, Lino

1981 *Andahuaylas, la lucha por la tierra: testimonio de un militante*. Lima: Mosca Azul Editores.

QUISPE, Ulpiano

2011 *Relaciones de poder y violencia política en las comunidades campesinas de Ayacucho*. Tesis de Doctorado en Antropología. Lima: Universidad Nacional Mayor de San Marcos.

RIVERA, Jaime

1971 *Geografía general de Ayacucho*. Huamanga: Universidad Nacional San Cristóbal de Huamanga.

RODRÍGUEZ, Martha

2005 *Desarrollo, pobreza-exclusión social y manejo de espacios socio ambientales en el mundo rural. El caso del área andina de Perú*. Tesis doctoral. Lovaina: UCL Presses Universitaires de Louvain.

SALA I. VILA, Nuria

2001 *Selva y Andes. Ayacucho 1780-1929. Historia de una región en la encrucijada*. Madrid: Consejo Superior de Investigaciones Científicas, Instituto de Historia.

SISTEMA NACIONAL DE APOYO A LA MOVILIZACIÓN SOCIAL-SINAMOS

1976 *Evaluación del Plan Bienal 1975-76*. Sistema Nacional de Apoyo a la Movilización Social.

STERN, Steve

1982 *Peru's Indian Peoples and the Challenge of Spanish Conquest. Huamanga to 1640*. Madison: University of Wisconsin Press.

TOLEDO, Johnny

1997 *Ayacucho: Proceso político, 1900-1975*. Huamanga: Universidad Nacional de San Cristóbal de Huamanga.

URRUTIA, Jaime

2019 "Anco y Chungui, territorio e historia s. XIX-XX". *Revista Alteritas*. Huamanga: Universidad Nacional de San Cristóbal de Huamanga.

Urrutia, Jaime, Antonio Adriano y Haydee Joyo
1988 "Las comunidades en la región de Huamanga". En *Perú: el problema agrario en debate-SEPIA II-Ayacucho*. Lima: Sepia.

Valcárcel, Marcel
1995 "Sociedad rural y agricultura en el Perú (1950-1994)". En *Ensayos sobre economía*. Lima: Pontificia Universidad Católica del Perú.

Valencia, Félix
2002 *Chipao: una aldea semifeudal (Lucanas-Ayacucho)*. Lima: Ediciones Kallpaymi.

Made in United States
Cleveland, OH
23 November 2025

26562963R00098